# ÉTUDES
## SUR
# LA GUERRE CIVILE
### DANS LE NORD DE L'ESPAGNE
### DE 1872 A 1876
### (THÉORIE DE LA GUERRE DE MONTAGNE)

PAR

Le lieutenant général D. PEDRO RUIZ DANA

Traduit de l'espagnol avec l'autorisation de l'auteur

PAR

## G. MALIFAUD

CHEF DE BATAILLON, ADJOINT A LA DIRECTION DES ÉTUDES
ET INSTRUCTEUR D'INFANTERIE A L'ÉCOLE DE GUERRE SUPÉRIEURE

AVEC UNE CARTE

**Deuxième édition**

PARIS
LIBRAIRIE MILITAIRE DE J. DUMAINE
LIBRAIRE-ÉDITEUR
30, RUE ET PASSAGE DAUPHINE, 30
1881

ÉTUDES

SUR

# LA GUERRE CIVILE

## DANS LE NORD DE L'ESPAGNE

DE 1872 A 1876

(THÉORIE DE LA GUERRE DE MONTAGNE)

IMPR. PAUL BOUSEREZ, 5, R. DE LUCÉ, TOURS.

# ÉTUDES
SUR
# LA GUERRE CIVILE
## DANS LE NORD DE L'ESPAGNE
### DE 1872 A 1876
(THÉORIE DE LA GUERRE DE MONTAGNE)

PAR

Le lieutenant général D. PEDRO RUIZ DANA

Traduit de l'espagnol avec l'autorisation de l'auteur

PAR

### G. MALIFAUD
CHEF DE BATAILLON, ADJOINT A LA DIRECTION DES ÉTUDES
ET INSTRUCTEUR D'INFANTERIE A L'ÉCOLE DE GUERRE SUPÉRIEURE

---

AVEC UNE CARTE

---

PARIS
LIBRAIRIE MILITAIRE DE J. DUMAINE
LIBRAIRE-ÉDITEUR
30, RUE ET PASSAGE DAUPHINE, 30
1880

# ÉTUDES
### SUR
# LA GUERRE CIVILE
## DANS LE NORD DE L'ESPAGNE
#### DE 1872 A 1876

---

## CHAPITRE PREMIER.

##### GÉOGRAPHIE MILITAIRE DES PROVINCES BASQUES ET DE LA NAVARRE.

La région du nord de l'Espagne qui s'est le plus activement mêlée à la dernière guerre civile, comprend les provinces de l'Alava, du Guipuzcoa, de la Biscaye et de la Navarre : sa superficie est de 17,680 kilomètres carrés.

Les Pyrénées, qui forment la frontière entre la France et l'Espagne, se divisent en : Pyrénées Orientales, Centrales et Occidentales : cette dernière portion de la chaîne qui sépare la Navarre du premier de ces deux pays, commence aux monts de *Jaca,* suit une direction générale de l'est à l'ouest jusqu'à Roncevaux et au col d'Ibagneta, où elle décrit vers le sud un rentrant que l'on désigne sous le nom de *Aldudes ;* elle reprend ensuite sa direction primitive jusqu'au nœud ou pic de *Gorriti,* où elle se partage en trois rameaux ; l'un qui pénètre en France, l'autre qui suit la direction générale de la chaîne jusqu'à l'Océan, où il se termine par le cap *Figuier* près de Fontarabie, et le troisième, qui court vers l'intérieur de l'Espagne, traverse ce pays suivant une ligne parallèle à la côte de la mer Cantabrique et forme avec elle le versant septentrional de la chaîne.

Les passages les plus connus dans les Pyrénées occidentales sont : le petit port de *Belay,* dans la vallée du Roncal, infranchissable pendant l'hiver à cause des neiges qui l'obstruent ; il est traversé par un mauvais sentier praticable seulement pour les piétons et les bêtes de somme ; celui de l'*Hôtellerie de l'Irati,* dans la vallée de Salazar : il présente des conditions analogues à celles qui caractérisent le précédent ; celui de *Roncevaux,* par Valcarlos, qui traverse la frontière au pont de Arneguy sur le ruisseau d'Arnéguisar, où vient aboutir la route de Pampelune à Roncevaux : de ce point se dirige vers Valcarlos un sentier difficilement praticable, même pour les piétons et les mulets; le passage du *Pont de Dancharinea,* par lequel la grande route de Madrid en France par Soria et Pampelune franchit la frontière. De cette route se détache, à Berroeta, un embranchement qui parcourt la vallée de Baztan et rejoint, au pont de Behobie, la grande route de France par Burgos et Vitoria.

La chaîne qui se détache des Pyrénées occidentales au pic de Gorriti et pénètre en Espagne, traverse la Navarre, le Guipuzcoa, l'Alava et la Biscaye. Elle prend le nom de *chaîne Pyrénaïque* ou de *Pyrénées océaniques,* et constitue la ligne générale de partage des eaux entre l'Océan et la Méditerranée.

Elle offre cette particularité que son versant méridional présente une déclivité peu accentuée, et forme une sorte de plateau élevé sur lequel sont bâties Pampelune et Vitoria : le versant septentrional, au contraire, descend en pentes rapides, fortement inclinées, et les eaux qui en découlent y creusent des ravins profonds qui donnent à sa crête l'aspect d'un gigantesque escalier tourné vers l'Océan. De ces cimes élevées, le spectateur voit se dérouler à ses pieds un panorama d'une merveilleuse variété.

Outre le nom général par lequel nous l'avons désignée, cette chaîne reçoit d'autres dénominations particulières, qu'elle emprunte aux localités voisines. En Navarre, elle s'appelle *sierra de Aralar;* la portion haute et escarpée située entre cette contrée, l'Alava et le Guipuzcoa, reçoit le nom de *San-Adrian;* celui de *Aranzazù* désigne la partie aussi élevée, mais moins abrupte, qui court dans cette dernière province. On nomme *Peña de Gorbea* celle qui occupe le centre de l'Alava : *Peña de Orduña* celle qui domine la ville de ce nom en Biscaye, et *monts de l'Ordunte* la partie de la chaîne qui sépare cette province de celle de Santander. Les cours d'eau du versant septentrional, à l'exception de quelques-uns de ceux qui appartiennent au Guipuzcoa, suivent une direction générale du sud au nord : ils sont rapides, d'une longueur restreinte, et le volume de leurs eaux est, pour cette raison, très-peu considérable. Ils naissent tous dans la chaîne Pyrénaïque.

Le bassin de la *Bidassoa*, qui est le plus oriental du versant, a pour ceinture : à l'est, les Pyrénées, et à l'ouest, les monts de Aya et de Goizueta. Cette rivière est formée dans les Pyrénées par plusieurs petits cours d'eau qui descendent des ports de Otsendon et de Alcorrunz, près de Maya. Elle court vers l'est en passant par Elisondo : à Yurrita, elle incline à l'ouest, arrose Oronoz et Bertiz, tourne brusquement vers le nord-ouest à Legasa, pénètre dans le Guipuzcoa après avoir traversé Sumbilla et Vera, sert de limite entre la France et l'Espagne, et baigne les murs de Irun et de Fontarabie, où elle se jette dans l'Océan. Non loin de Elgorriaga, à Oteiza, elle reçoit sur sa gauche le petit ruisseau *l'Ezcurra,* qui coule dans la vallée connue sous le nom de Basaburua. La vallée de la Bidassoa ou de Baztan est étroite et escarpée; il serait difficile de s'y établir militairement, et cette occupation n'offrirait d'ailleurs d'autres ressources que les nombreux troupeaux qu'on élève dans la montagne. On y trouve la grande route de France par Pampelune et Urdax, à laquelle se relie, à Berroeta, un embranchement qui aboutit au pont de Behobie.

L'*Oyarzun* prend sa source dans les monts de Aya, contre-fort élevé qui se détache de ceux de Goizueta, sépare cette rivière de la Bidassoa et rejoint le mont Jaizquivel, qui se dresse parallèlement à la côte. Ce cours d'eau suit une direction générale du sud au nord, passe par Oyarzun et Renteria, et se jette dans la mer en formant la baie de Passages. Il coupe près de Renteria la grande route de France, et croise, en avant de Oyarzun, un embranchement qui se sépare de cette route à Andoain et vient s'y rattacher de nouveau dans les environs de Irun.

Le bassin de cette rivière est formé : à l'est, par les monts de Aya et de Goizueta, et à l'ouest, par ceux de Malmazar, contre-fort qui se détache de ces derniers au nœud de Urdaburu, porte ensuite le nom de sierra de la Magdalena, et finit à la côte, près de Saint-Sébastien, par le mont de Urtia.

Considérée au point de vue militaire, cette petite ligne présente une grande importance, non-seulement parce que la baie de Passages est le seul port que nous possédions sur la côte des provinces basques, mais aussi parce que la ligne de partage des eaux de la Bidassoa et de l'Oyarzun est la première ligne stratégique que l'on puisse occuper et défendre contre un ennemi qui pénètre en Espagne par Irun. Appuyée par sa gauche au mont Jaizquivel, par sa droite à celui de Aya, elle ne peut être tournée, et si on la fortifie convenablement, elle est susceptible, avec des forces peu considérables mais bien réparties, de résister avantageusement à une puissante armée d'invasion.

Après l'Oyarzun et parallèlement à son cours coule l'*Urumea*, dont le bassin est formé : à l'est, par la ceinture occidentale de celui de l'Oyarzun, et à l'ouest, par une autre ramification qui se détache du Goizueta au mont de Montdegui et se prolonge jusqu'à la mer, où elle dessine la baie de Saint-Sébastien, sous le nom de monts de Urnieta et de hauteurs de Oriamendi.

L'Urumea prend sa source dans les monts de Goizueta et suit une vallée étroite, tortueuse et dominée par des hauteurs considérables couvertes de forêts. Il descend à Hernani, où il coupe la grande route, qu'il côtoie ensuite jusqu'à Astigarraga, où il l'abandonne pour se jeter dans l'Océan à Saint-Sébastien.

L'*Orio,* qui est le cours d'eau le plus important du Guipuzcoa, naît à la Peña Horodada dans la sierra de San-Adrian, coule dans la direction du nord jusqu'à Cegama, où il s'incline vers l'est, et passe par Tolosa et Andoain; à Lasarte, il tourne brusquement à l'ouest au point où les hauteurs de Oriamendi lui barrent le passage, et se jette dans l'Océan près de la ville de Orio.

Dans le bassin de cette rivière se trouve une route qui se détache, à Alsasua, de celle de Vitoria à Pampelune, franchit la chaîne Pyrénaïque par le port de Otzaurte, et côtoie depuis Cegama le chemin de fer du Nord jusqu'au pont de Mendiola. A ce point, elle se joint à un chemin qui part aussi d'Alsasua, passe la chaîne indiquée plus haut au port de Echegarate, et descend en suivant le cours de l'*Urzaraiz* jusqu'au pont de Mendiola; à Beasain, elle rejoint la grande route de France qui longe l'Orio jusqu'à Lasarte, s'en éloigne ensuite et va aboutir à Saint-Sébastien après avoir traversé les hauteurs de Oriamendi.

Les affluents les plus remarquables de l'Orio sont:

1º Le *Lizarza*, qui prend sa source dans la chaîne Pyrénaïque près du port de Azpiroz:

on rencontre dans la vallée où il coule la route de Tolosa à Irurzun.

2º Le *Leizaran*, qui naît dans la même chaîne à la montagne de Aritz et se jette dans l'Orio près de Andoain. Dans le bassin de ce cours d'eau se trouve le chemin de Andoain au port de Azpiroz, qu'on doit transformer plus tard en voie carrossable; il l'est déjà, en Navarre, dans la partie comprise entre le point où il se réunit à la route de Tolosa à Irurzun et le pont de Urto, sur la limite qui sépare cette province du Guipuzcoa.

Le bassin de l'*Orio* est formé : à l'est, par la ceinture occidentale de celui de l'Urumea; au sud, par la cordillière Pyrénaïque, et à l'ouest, par une chaîne qui s'en détache au mont de Aiztgorri dans la sierra de San-Adrian. Ce rameau traverse toute la province en jetant des contre-forts des deux côtés, sans que sa ligne de faîte, qui est aussi celle de partage des eaux de l'Urola, présente une arête bien marquée. C'est plutôt une série de hauteurs isolées, sans direction déterminée ni désignation générale. A Legazpia, elle porte le nom de collines de Artagoiti, de monts de Murumendi à Beasain, et de Hernio au-dessus de Tolosa. Les flancs de ces dernières montagnes sont escarpés et sillonnés par des ravins profonds; leur importance militaire est considérable. Enfin, dans le voisinage de la côte, elle prend le nom de monts de Pagoeta.

Cette chaîne forme, à l'est, le bassin de l'*Urola,* limité au sud par la Pyrénaïque, et à l'ouest, par un contre-fort qui descend vers la mer et sépare les eaux de cette rivière de celles du Deba. Ce rameau commence aux rochers abruptes de Zaraya, dans la sierra de Elguea, porte les noms de : monts du Satui, du côté de Oñate; de Irimo, à Zumàrraga; de Elosua, à Vergara; de Azcarate, à Elgoibar; et de Anduz, dans le voisinage de la côte où il finit par la pointe de San-Telmo de Zumaya.

L'*Urola* prend sa source aux pics de Aiztgorri dans la sierra de Aranzazu, coule dans la direction du nord, et passe par Legazpia et Zumàrraga. A Azcoitia, il rencontre la Peña de Izarraizt, qui lui barre le passage et le force à tourner vers l'est; il arrose ensuite Azpeitia, Cestona, et se jette à Zumaya dans l'Océan. Un seul de ses affluents mérite, au point de vue militaire, d'être cité; c'est l'*Urrestilla* ou *Ibaiderra,* qui vient des monts de Murumendi et se joint à lui à Azpeitia.

Le bassin de l'Urola est traversé par une voie carrossable qui se détache de la grande route de France à l'ermitage de San-Prudencio, passe par Oñate, et se dirige, en faisant un détour considérable, vers la ligne de partage de ses eaux et de celles du Deba, qu'elle atteint à Ormaiztégui. La route de France coupe aussi cette ligne de partage à Zumàrraga, en descendant du port de Descarga dans les montagnes de Irimo.

De Descarga part une autre voie carrossable qui côtoie la rivière en passant par Azcoitia, Azpeitia et Cestona jusqu'à Zumaya, où elle rejoint celle qui, le long de la côte, met en communication Santander et Saint-Sébastien.

D'Aspeitia se détachent deux routes : l'une qui court dans la vallée de l'*Urrestilla* et aboutit à la grande route de France, près de Gudugarreta ; l'autre, qui est un embranchement de la première, suit les hauteurs au pied desquelles coule le *Régil*, passe par Goyaz, Vidania, et va jusqu'à Tolosa.

Les bassins de l'Orio et de l'Urola ont, comme nous le verrons plus tard, une grande importance militaire dans l'hypothèse d'une guerre civile ou étrangère dont les provinces basques et la Navarre seraient le théâtre. Celui du *Deba* est formé : à l'est, par les hauteurs que nous avons déjà décrites et qui séparent ses eaux de celles de l'Urola : au sud, par la chaîne Pyrénaïque, et à l'ouest, par un contre-fort qui se détache du nœud élevé connu sous le nom de Peñas de Amboto. Ce contre-fort se dirige vers l'Océan et porte successivement les dénominations de sierras de Elgueta, de Ermua et de montagnes de Arno.

Le *Deba* prend sa source près de la ville de Salinas de Lenitz, coule vers le nord, baigne Arechavaleta, Mondragon, Vergara, Elgoibar, et se jette dans l'Océan à Deba.

Après avoir franchi la chaîne Pyrénaïque par le port de Arlaban, la grande route de France côtoie ce cours d'eau depuis son origine jusqu'à Vergara ; à ce point, elle commence à monter pour gagner le port de Descarga, et descend ensuite dans la vallée de l'Urola. Deux embranchements s'en détachent à Mondragon ; l'un pénètre dans l'Alava en suivant la petite vallée de Aramayona ; l'autre entre en Biscaye et va jusqu'à Durango par Elorrio, où aboutit une autre route qui part de Vergara. Elgoibar et Durango sont également reliés par une voie carrossable. La grande route s'élève à partir de Vergara en remontant le cours de l'*Anzuola*, affluent du Deba.

Entre l'Urola et le Deba se trouve une vallée très-étroite, formée par la Peña de Izarraizt et les monts de Anduz; c'est le bassin du *Lastur* qui, après un cours de cinq kilomètres environ, disparaît sous un amas de rochers sans qu'on lui connaisse d'autre issue. On a supposé que ses eaux donnent naissance à la fontaine intermittente de Mendaro, petite ville située près des bains de Alzola; mais les recherches auxquelles on s'est livré n'ont point confirmé cette hypothèse; l'opinion la plus accréditée est que le Lastur se jette dans l'Océan par des canaux souterrains. La ligne de l'Urola présente une certaine valeur au point de vue militaire.

Le bassin du *Nervion*, le cours d'eau le plus important de la Biscaye, est formé : à l'est, par la chaîne qui sépare les eaux du Deba de celles de l'Ibaizabal : au nord, par une série de hauteurs qui s'en détache au mont de Oiz, dans la sierra de Ermua, et qui est parallèle à la côte de l'Océan. Comme toutes les montagnes de ces provinces, elle ne reçoit pas de dénomination générale, et porte les noms de monts de

Munizqueta, de Aspe et de Catechu. Au sud, le bassin du Nervion est formé par la chaîne Pyrénaïque, et à l'ouest par un contre-fort qui part du pic élevé de Saint-Sébastien de la Colisa dans les monts de l'Ordunte et, sous le nom de montagnes de Triano, célèbres par leurs mines de fer, se termine dans l'Océan par la pointe de Lucero, près de Ciervana. Le Nervion prend sa source dans la chaîne Pyrénaïque, à la Peña de Orduña, arrose Amurrio, Areta, Bilbao, et se jette à Portugalète dans l'Océan. Avant d'arriver à Bilbao, au point connu sous le nom de Coq de Urgoiti, il reçoit, sur la droite, l'*Ibaizabal*, et après cette ville, sur la gauche, le *Cadagua*. Le premier est formé par les différents cours d'eau qui naissent au mont de Udalanz dans la sierra de Elgueta, à la Peña de Amboto, aux monts de Oiz et se réunissent près de Durango. Il coule dans la direction de l'ouest jusqu'à son confluent avec le Nervion. Le second sort de la Peña de Poveña dans les montagnes de l'Ordunte et court vers l'est jusqu'à Valmaseda, où il s'incline vers le nord, passe par Sodupe et se jette dans le Nervion près de son embouchure.

De Vitoria part une route qui traverse la

chaîne Pyrénaïque au port de Urquiola, descend à Durango et met cette ville en communication avec Bilbao par les vallées de l'Ibaizabal et du Nervion. Une autre route se détache de la précédente à Villareal de Alava, passe la chaîne au port de Ubidea, côtoie l'Arratia, qui naît dans la Peña de Gorbea, et vient se renouer à la première dans les environs de Galdacano.

De la grande route de France, à 3 kilomètres de Pancorbo, part un embranchement qui franchit la chaîne au port de Orduña, descend vers la ville de ce nom et longe le Nervion jusqu'à Bilbao. De la ville de Areta, une autre remonte le cours de l'Orozco, traverse la chaîne par les Échelles de Altube, suit la Peña de Gorbea et aboutit à Vitoria. De Burgos, une route passe par le port de Bercedo, par Villarcayo et Villasante, continue par la vallée du Cadagua, touche à Valmaseda et finit à Bilbao.

Aux monts de Vizcarguin, dans la chaîne qui limite au nord le bassin du Nervion, se détache un rameau d'abord perpendiculaire puis parallèle à sa direction; il forme une vallée dans laquelle coule l'*Asua*, qui se jette dans le Nervion au pont de Luchana et se termine au confluent des deux rivières par les monts de Begoña et de Archanda, qui dominent Bilbao. La chaîne indiquée plus haut envoie également plusieurs contre-forts qui déterminent autant de petites vallées dont les eaux vont à l'Océan. L'un deux, connu sous le nom de montagnes de Montrella, se détache du mont de Oiz, et forme avec la ligne de partage des eaux du Deba le bassin de l'*Artibas*, dont l'embouchure est voisine de Ondaroa. On y remarque une route qui vient de Durango.

Le mont de Oiz donne aussi naissance à un autre contre-fort appelé mont de Gastiburo, qui, avec ceux de Montrella, sert de ceinture au bassin du *Lequeitio*. Un chemin carrossable relie la ville de ce nom avec Durango.

Un rameau qui prend son origine dans les montagnes de Vizcarguin, et qui, sous les noms de monts de Rigoytia et de Sollube, va se terminer au cap de Machicheco, forme, avec ceux de Gastiburo, le bassin de la rivière de *Bermeo,* dans lequel se trouve une route qui unit cette ville à Durango.

Les monts de Rigoytia et la ligne de partage des eaux du Nervion limitent le bassin de la rivière de *Plencia*. Cette localité est reliée à

Bilbao par une route très-importante pour les opérations militaires qui auraient cette place pour objectif. Elle offre ce caractère particulier qu'elle ne suit pas, comme les autres, le chemin de la vallée, mais court sur la ligne de faîte.

Du pic élevé de Saint-Sébastien de la Colisa, dans les monts de l'Ordunte, et perpendiculairement à leur direction, montent vers le nord les hauteurs de Sopuerta. Elles forment, avec celles de Triano, une vallée étroite dans laquelle coule le *Somorrostro*, qui prend sa source au pied du pic et se jette dans l'Océan, près de Poveña.

De la colline de Ribacoba, dans les monts de l'Ordunte, se détache un autre rameau, qui comprend les montagnes de Trucios et les sierras de Castro et de la Cuesta. Il forme, avec celui de Sopuerta, le bassin de l'*Agüera*, qui se jette dans l'Océan près de Oriñon. Cette vallée reçoit les noms de Arcentales et de Villaverde de Trucios, de Güerizo et de Oriñon. La vallée de Villaverde de Trucios présente cette particularité, qu'enclavée dans la province de Biscaye, elle appartient néanmoins à celle de Santander.

La sierra de Castro détache à son tour un

autre rameau appelé sierra de Candina, qui sert de ceinture au petit bassin du *Brazomar,* dont l'embouchure se trouve près de Castro-Urdiales. A cette ville vient aboutir une route qui part de Valmaseda et qui traverse la ligne de partage des eaux du Somorrostro et de l'Agüera par le port de las Muñecas (1). Un peu avant d'arriver au passage, elle se bifurque. L'embranchement qui en résulte parcourt les vallées de Sopuerta et de Somorrostro, et rejoint à San-Juan la route de Bilbao à Santander, en suivant la côte et en passant par Castro-Urdiales, Laredo, et à proximité de la place de Santoña.

Après avoir décrit le versant septentrional, nous allons examiner le versant oriental dans la zone qui comprend les provinces de Alava et de Navarre, auxquelles doit se borner cette étude.

*L'Èbre* naît dans la chaîne Pyrénaïque, au pied de la Peñalabra, à 5 kilomètres à l'ouest de Reynosa, et dans le voisinage du village de Fontibre. A son origine, le fleuve est produit par deux sources abondantes qui forment un petit lac. L'une sort en bouillonnant de son bassin, l'autre s'échappe d'un amas de rochers. Au

(1) Les Marionnettes.

village de Salces, situé à deux kilomètres de ce point, le volume de ses eaux est déjà assez considérable pour mettre en mouvement plusieurs moulins. Il se dirige vers Reynosa, qu'il traverse, et croise sous un beau pont de pierre la route de Valladolid à Santander. Il coule ensuite vers l'est, et peu après se grossit sur sa droite du *Hijar*, qui descend aussi de la Peñalabra et est séparé de lui par la sierra de Isar, qui se détache de la chaîne Pyrénaïque. Il incline légèrement vers le sud, passe près de Rosas, où l'on remarque un vieux pont en maçonnerie, et reçoit sur sa gauche le *Vizga*, qui prend également sa source dans la chaîne Pyrénaïque, aux Peñas Pardas. Quelques rameaux de la chaîne Ibérique l'obligent à décrire un coude vers l'ouest ; il court ensuite vers le sud et pénètre dans un défilé, où il baigne Basconcs et Aldea de Ebro, qui possèdent de petits ponts. Il se grossit sur sa gauche des ruisseaux qui descendent des montagnes de Igedo, et, sur sa droite, de ceux qui viennent des landes de l'Ibérique. A l'extrémité du défilé se dresse, comme pour en fermer le débouché, un ressaut de terrain qui porte le nom de lande de Lora et qui force le fleuve à changer de direction. Il coule alors vers le sud-est et passe successivement à Puente del Valle et à Polientes, où l'on rencontre des ponts étroits et en mauvais état. Après avoir dépassé Polientes, il reçoit, à gauche, le *Carrales,* qui naît dans les monts de Igedo. En face de Arroyuelos, on remarque un autre pont ; puis l'Èbre pénètre dans une gorge resserrée entre des rochers, sort de la province de Santander, entre dans celle de Burgos, traverse successivement San-Martin de Linies, où il existe un pont, Villaverde, où l'on trouve un bac, Villaescusa de Ebro, qui offre deux gués entre des rives escarpées ; il passe à Obaneja del Castillo sous un pont en charpente, entre ensuite dans un couloir étroit, arrose Quintanilla de Escalada, où la route de Burgos à Santander le franchit sur un beau pont de pierre, et Valdelateja, localité près de laquelle le *Rudron,* qui prend sa source dans la lande de Lora, lui apporte le tribut de ses eaux.

Les ramifications de la chaîne Ibérique qui forment le bassin de cette rivière, obligent l'Èbre à décrire une courbe considérable vers le nord ; il passe à Cidad de Ebro, où l'on rencontre un pont, prend la direction du sud-est, et, à la Venta de Afuera, traverse sous un pont de pierre la route de Burgos à Santoña. En entrant dans la province de Burgos, il coule entre des rochers élevés et à pic qui dépendent de la sierra de Tesla, ramification de la chaîne Pyrénaïque. Ce défilé prend le nom de Passage de Las Calzadas près de Reguera, où son aspect est le plus sauvage, et celui de gorge de Valdenoceda à la Venta de Afuera. Après Valdenoceda, la vallée s'élargit, elle se peuple d'une multitude de villages et de villes, et l'on y rencontre la route de Cubo à Valdenoceda, de laquelle se détache, avant d'arriver à Oña, une autre voie de communication qui traverse l'Èbre sur un beau pont de pierre non loin de Trespaderne et se dirige vers Santoña et Castro-Urdiales par Medina de Pomar. La sierra de Tesla vient de nouveau barrer la vallée et force le fleuve à tourner vers le nord; il finit par se frayer un passage à travers cet obstacle, s'engage dans une gorge profonde, et reçoit, sur la droite, les eaux de l'*Oca*, et, sur la gauche, près de Cillaperlata, celles du Neba, grossi du Trueba, qui descendent tous deux de la chaîne Pyrénaïque et dont le bassin est formé par la sierra de Tesla et par un autre contre-

1*

fort qui se détache de la chaîne et vient mourir à l'Èbre.

Après le confluent de l'Èbre et de l'Oca, on rencontre sur le fleuve le pont dit de la Horodada, qui est bâti en maçonnerie et n'a qu'une seule arche : ce pont a joué un rôle important pendant la guerre civile de Sept ans. L'Èbre arrose ensuite Frias, qui possède un vieux et solide pont de pierre : Puentelarra, avec un pont suspendu pour le passage de la route de Pancorbo à Bilbao; à quelques mètres en amont, on voit encore un autre pont de pierre dont on ne se sert pas, mais qui pourrait être facilement utilisé, car ses piles sont en bon état.

De Frias à Puentelarra, la vallée devient étroite et difficile; elle est formée par une sierra sauvage qui sépare les eaux du fleuve de celles de l'*Omecillo* et de l'*Humedo,* qui naissent dans la chaîne Pyrénaïque. La première de ces deux rivières coule dans la vallée de Valdegoria, y reçoit la seconde et se jette dans l'Èbre au-dessus de Puentelarra. A partir de ce point le bassin du fleuve s'élargit considérablement; il arrose Guinicio, Montañana, Suzana, et présente en ces trois endroits des gués à fond solide, le second surtout, qui est praticable aux voitures; son lit s'étend ensuite progressivement et il arrive à Miranda de Ebro. Il traverse, comme nous l'avons vu, au-dessus de Frias, la sierra de Tesla, à laquelle se relie, de telle sorte qu'elle semble en être le prolongement, une autre chaîne parallèle à la Pyrénaïque et connue sous les noms de montagnes de l'Union, depuis le confluent de l'Èbre et de l'Oca jusqu'à Obarennes : de montagnes de Obarennes, depuis cette localité jusqu'au point où le fleuve la franchit de nouveaux par le défilé de las Conchas de Haro et où elle se rattache, par la sierra de Toloño, à la chaîne Cantabrique.

L'*Oroncillo* ouvre dans la barrière que lui opposent les monts Obarennes une brèche qui forme le défilé de Pancorbo et qui donne passage à la grande route de France. Cette ligne, considérée au point de vue de la défense, présente une importance stratégique du premier ordre dans l'hypothèse d'une invasion par les Pyrénées occidentales. Deux forts qui ont été détruits par les Français en 1823 protégeaient autrefois le débouché du défilé de Pancorbo. La grande route dont nous venons de parler franchit l'Èbre à Miranda sur un beau pont de pierre et traverse cette ville dominée par le Pic de la Picota, couronné par un ancien fort qui, avec la portée des armes actuelles, est commandé lui-même et ne peut être utilisé. A un kilomètre environ en amont et en aval du point où la grande route croise l'Èbre, on rencontre deux ponts également solides qui donnent passage au chemin de fer du Nord et à celui de Tudela à Bilbao. Le fleuve sert de limite aux capitaineries générales des provinces basques et de Burgos depuis Miranda jusqu'à Castejon ; c'est donc à ce second point que nous arrêterons notre étude. En continuant la description de son cours, nous nous occuperons exclusivement de ses affluents de gauche toutes les fois que ceux de droite correspondront à la dernière de ces circonscriptions militaires. Avant d'arriver à Miranda, l'Èbre reçoit l'*Oroncillo*, qui côtoie la grande route de France, circonstance à laquelle il emprunte une certaine importance militaire : le *Bayas*, dans le voisinage de Arce, et un peu plus loin, le *Zadorra*. Au-dessous de Ircio, il se grossit de la petite rivière de *Inglares*, qui possède aussi une certaine valeur militaire, franchit de nouveau les monts Obarennes par le défilé de las Conchas de Haro, et longe la route de Puentelarra à Logroño. Après le passage de las Conchas, la sierra de Toloño le presse sur la gauche au point de le forcer à décrire un grand arc de cercle dans la direction du sud ; il reçoit sur la droite le *Tiron,* et traverse sous un pont de pierre, en entrant dans Haro, la route dont nous venons de parler et qui coupe l'arc en son milieu. Il arrose ensuite Brinas, où il présente un bon gué : Briones, où l'on rencontre ceux de la Roza, de Tronconegro et de Gamarrazo : Saint-Vincent de la Sonsierra avec un pont de pierre de sept arches dont trois en mauvais état : Torre-Montalvo, où se trouve le gué du canal de Bobeo : les bains de l'Èbre, où l'on rencontre un bac, et les trois gués de Arenillas, de la Estrella et de Tamarices ; il recueille, sur la droite, les eaux du *Najerilla,* et se dirige vers Cenicero, où il y a un beau pont de pierre qui donne passage à la route de la Guardia et où l'on trouve aussi les trois gués de San-Juan, de las Barcas et de Chimarro ; il arrose ensuite : Fuenmayor, avec les six gués du Mocho, du canal de la Cantina, de Chamorro, du Montecillo, de l'Olivo et de Peñagorda : la Puebla de la Barca, qui possède un pont suspendu, et les deux gués de Romualdo et de Remolino, et arrive enfin à Logroño, où l'on remarque un pont qui donne passage à la route de Estella.

Après le défilé de las Conchas de Haro, la vallée va s'élargissant toujours, et l'on découvre la riche et fertile contrée connue sous le nom de Rioja. Le voisinage de la sierra de Toloño restreint considérablement l'étendue de la rive gauche du fleuve; son lit s'agrandit encore, et le volume de ses eaux s'accroît; mais dans cette partie de son cours, il présente une multitude de gués dont aucun n'est praticable pendant l'hiver, pas plus d'ailleurs que ceux que nous avons déjà nommés et qui sont les plus importants.

Après Logroño, il arrose le faubourg de Varea, où il y a deux gués et où il reçoit l'*Iregua;* passe par Agoncillo, où il y a trois gués et où il est rejoint par le *Leza :* Mendavia, où l'on rencontre un bon gué : Alcanadre, où il y a un bac : Lodosa, où il est traversé par la route de Estella sur un pont de pierre avec deux arches provisoires en charpente : Sartaguda, qui possède un bac et, plus bas, un bon gué marqué par des pilotis qui supportaient autrefois un pont en bois : San-Adrian et Azagra, où l'on trouve des bacs situés, le premier au confluent du *Cidacos*, le second à celui de l'*Ega* : Rincon de Soto, où la route de Pampelune le traverse sur un pont de pierre : Alfaro, qui possède un gué : Castejon, où la voie ferrée de Pampelune le franchit sur un pont tubulaire : Milagro, où il reçoit l'*Aragon*. Il arrive enfin à Tudela et, peu après, à la limite des circonscriptions militaires de la Navarre et de l'Aragon.

A partir de Logroño, le volume de ses eaux s'augmente rapidement des affluents de ses deux rives. On remarque sur la rive droite la voie ferrée de Tudela et de Saragosse, ainsi qu'une route qui, de Haro, se dirige sur ces deux points. On trouve également à Tudela un pont de pierre pour le passage de la route de Pampelune. La vallée de l'Èbre est vaste, fertile, et renferme des centres de population importants. De sa source à Tudela, son cours offre un développement de trois cent cinquante-deux kilomètres.

De la Peña de Orduña, dans la chaîne Pyrénaïque, part un contre-fort qui, sous les noms de sierra de **Santiago**, de **Aratejas** et de

Arcamo, vient mourir à l'Èbre. Un deuxième rameau qui, dans la même direction, se détache de la Peña de Gorbea, sous les noms de sierra de Arato et de Badaya, forme avec le précédent le bassin du *Bayas*. Ce cours d'eau prend sa source dans le versant méridional de la Peña de Gorbea, coule vers le sud par la vallée de Cuartango, arrose Murguia, Ribabellosa et Bayas, où il se jette dans l'Èbre.

La voie ferrée de Bilbao à Tudela, après avoir franchi l'Èbre à Miranda, suit la vallée de Bayas, traverse la chaine Pyrénaïque par un tunnel près du Gujuli, et descend dans la vallée du Nervion en longeant la chaîne sur une grande étendue et en décrivant une sorte de fer à cheval au centre duquel se trouve la ville de Orduña.

Le bassin du Zadorra est formé : au nord, par la chaîne Pyrénaïque depuis la sierra de San-Adrian jusqu'à la Peña de Gorbea : à l'ouest, par celle qui borne à l'est, comme nous l'avons dit, le bassin du Bayas et rejoint la sierra de San-Vitores à las Conchas de Arganzon près de Puebla. Au point de jonction de ces montagnes, la rivière s'ouvre un passage en creusant un défilé que suit également la route de France. Ce dernier rameau se prolonge parallèlement à l'Èbre sous le nom de montagnes de Vitoria, jusqu'à ce qu'il rencontre les monts Izquiz.

La chaîne Pyrénaïque, dans la partie qui sert de ceinture au bassin du Zadorra, forme, avec les monts de Vitoria, une sorte de grande dépression que l'on appelle Plaine de Vitoria, au centre de laquelle est bâtie la ville de ce nom. C'était autrefois, dit-on, le lit d'un lac dont les eaux, par l'effet de quelque cataclysme, se sont ouvert un chemin vers l'Èbre à travers les Conchas de Arganzon.

Le *Zadorra* prend sa source dans le versant septentrional de la sierra de Andia, près de Munain, baigne Salvatierra, centre de population important de la plaine de Alava sur la route de Vitoria à Pampelune : Guevara, où l'on remarque un château historique en ruines, et poursuit son cours parallèlement à la chaîne Pyrénaïque jusqu'au village de Ulibarri-Gamboa, au pied du port de Arlaban, où la route de France le franchit sur un pont de pierre; change alors brusquement de direction vers le sud jusqu'à Gamarra-Menor, à trois kilomètres de Vitoria, où il incline vers l'ouest. A Gamarra-Mayor et Arriaga, il est traversé sur deux beaux ponts de pierre par les routes de Vitoria à Bilbao par Durango et Villaro. Longeant ensuite la sierra de Badaya qui lui barre le passage, il change encore de direction vers le sud, coule dans le défilé de las Conchas de Arganzon, rencontre la route de France au pont de Armiñon et se jette dans l'Èbre, en face de Ircio, après avoir reçu sur la gauche les eaux de l'*Ayuda*. Son cours a soixante-sept kilomètres de développement.

Le versant méridional des montagnes de Vitoria et le versant septentrional de celles de Izquiz à leur jonction au pic de Gararza, près du port de Herenchu, forment le bassin de l'*Ayuda*. Ce cours d'eau prend sa source au mont de Arlocea, dans la chaîne de Izquiz, et arrose le comté de Treviño, qui appartient à la province de Burgos bien qu'il soit enclavé dans celle de Alava.

Les monts de Izquiz et la chaîne Cantabrique forment un petit bassin dans lequel coule l'*Inglarès*, qui naît au port de la Recilla, baigne Peñacerrada et se jette dans l'Èbre au-dessous de l'embouchure du Zadorra. Ces deux séries de hauteurs sont reliées près de Pipaon par un mouvement de terrain très-prononcé.

A la coupure qui donne passage aux eaux de

l'Èbre, la chaîne des Obarennes se rattache à la cordillière Cantabrique. A peu de distance du fleuve et parallèlement à son cours, elle se détache, âpre, sauvage, élevée, sous les noms de sierra de Toloño depuis las Conchas de Haro jusqu'aux ports de Recilla et de Pipaon, où elle prend ceux de Sonsierra de Navarra et de Sierra de Codes. A partir des ports de la Poblacion et de Bernedo, elle reçoit la dénomination de Peña de Jodar et de la Dormida de las Palomas jusqu'à Santa-Cruz de Campezù; s'adoucissant ensuite, elle pénètre en Navarre sous les noms de sierra de San-Gregorio et de Sorlada, de Peña de Monjardin, de Montejurra; puis, s'inclinant vers le sud, elle perd peu à peu son caractère d'âpreté, s'abaisse progressivement et finit par les hauteurs de Santa-Cecilia et de Larrà, dans l'angle formé par le confluent de l'Ega et de l'Èbre, après s'être transformée en une chaîne de délicieuses collines.

Aux monts de Iturrieta, nœud d'une hauteur considérable situé à l'extrémité de ceux de Vitoria, se soude une autre chaîne qui entre en Navarre sous les noms de sierras de Urbasa et de Andia et se termine au confluent du *Larraun* et de l'*Arga*. Elle est extrêmement remarquable. Le touriste qui contemple ces montagnes de la vallée de la Burunda ou de las Amezcoas, distingue seulement une crête bien accusée, formée de rochers hérissés de pins et inaccessibles; mais quelle n'est pas sa surprise lorsque, après avoir franchi la sierra, il se trouve tout à coup transporté dans une plaine vaste et ondulée, couverte de verdure, de bois touffus, coupée de haies épaisses et semée de chênes séculaires!

La sierra de Andia, qui se relie à celle de Urbasa à la Venta de Zumbels, est plus accidentée, mais on y rencontre cependant des plaines presque unies comme celle que l'on appelle campagne rase de Urbasa.

De la plaine découverte, dite la Planilla, sur le versant méridional de la sierra de Urbasa, se détache une chaîne de hauteurs qui entourent du côté nord la ville de Estella, et sous les noms de collines de Villatuerta, de monts de Esquinza et de Baigorri, viennent finir en pentes douces au confluent de l'Èbre et de l'Aragon. Ce sont elles qui forment le bassin de l'*Ega*, avec la cordillière Cantabrique depuis la Sonsierra de Navarra et avec les sierras de Urbasa, de Andia et la croupe qui relie près de Pipaon, les monts de Izquiz avec cette cordillère.

Ce cours d'eau prend sa source près de la ville de Lagran, dans le versant septentrional de cette chaîne, arrose Bernedo et Santa-Cruz de Campezu où il est croisé sur un pont de pierre par la route de Vitoria à Estella. Il reçoit ensuite, à gauche, les eaux de l'*Ega,* qui descend des montagnes de Iturrieta et baigne Atauri et Antoñana. Après Santa-Cruz de Campezu, il creuse dans un rameau qui se détache de la Dormida de las Palomas, l'étroit et profond défilé de Arquijas, coule vers l'est jusqu'à Estella, où il se grossit de l'*Urrederra,* change de direction vers le sud, passe à Lerin, à Andosilla et se jette dans l'Èbre, en face de Calahorra.

Le rameau qui part de la Dormida de las Palomas et qui porte le nom de sierra de Santiago de Loquiz, offre une structure semblable à celle de la sierra de Urbasa. Il se rattache aux montagnes de Orbiso, prolongées par les hauteurs de Contrasta qui se relient elles-mêmes à la sierra de Andia. L'ensemble de ces montagnes circonscrit la vallée de las Amezcoas, arrosée par l'*Urrederra.*

Ce cours d'eau prend sa source dans le versant méridional de la sierra de Urbasa, au port de Zudaire. Après avoir reçu le *Viarra*, qui descend des hauteurs de Contrasta et coule dans la haute Amezcoa, l'Urrederra court dans le bas de cette vallée, entre dans celle de Allin et se jette dans l'Ega, près de Estella.

Dans la peña de Jodar naît un petit cours d'eau, l'*Odron*, qui arrose la vallée de la Berrueza, se fraye un passage, près de Mues, à travers la sierra de San-Gregorio, par le défilé du Congosto, baigne Los Arcos, et se jette dans l'Èbre, à Mendavia.

Il nous reste à décrire le bassin de l'*Aragon*, l'affluent le plus considérable du fleuve dans la région qui nous occupe. Son bassin est formé par la chaîne qui constitue la partie occidentale de celui de l'Ega, par les sierras de Urbasa et de Andia, par une croupe qui, se détachant de la première de ces deux chaînes, la relie à la Pyrénaïque et sépare les eaux du Zadorra de celles de l'Araquil, par la Pyrénaïque, depuis la sierra de San-Adrian jusqu'à son origine, par les Pyrénées occidentales, et, en dehors de la Navarre, par les montagnes de Jaca.

Du pic de Ayanet, dans les Pyrénées, descend vers le sud une ramification connue sous le nom de sierra de Santo-Domingo ou de Jaca, qui, près de cette ville, change brusquement de direction vers l'ouest, pénètre en Navarre et correspond, près de Sangüesa, à une autre chaîne qui, sous la dénomination de sierras de Alaix et du Perdon, est coupée par le cours de l'Arga, près de Belazcoain, et se relie à la sierra de Andia.

La jonction des sierras de Alaix et du Perdon détermine un mouvement de terrain à pentes douces, appelé Pas de Carascal, qui ouvre un passage à la route de France par Pampelune. On remarque, en outre, dans la sierra de Alaix, la Iga de Monréal, sorte de promontoire élevé au pied duquel est bâtie la ville de ce nom.

L'*Aragon* naît de deux sources qui réunissent leurs eaux auprès du port de Canfranc, non loin du monastère de Santa-Cristina, dans la province de Huesca. L'une d'elles jaillit avec une grande abondance dans le ravin de Candachu, l'autre sort du port de Astun. Il prend la direction du sud jusqu'aux environs de Jaca, où la sierra le force à tourner vers l'est, jusqu'à Sangüesa. Après avoir reçu l'*Ezca*, près de Tiermas, il entre dans la Navarre, se grossit au-dessous de Liedéna et sur sa droite, des eaux de l'*Irati*, croise, sous un beau pont, la route de Tiermas, qui s'unit à cet endroit à celle de Pampelune, incline de nouveau vers le sud et se dirige vers Sangüesa, où le franchit sur un autre pont la route de las Cinco Villas, qui rejoint la précédente. Il arrose ensuite : Caseda et Gallipienzo, où l'on trouve deux ponts : Murillo del Fruto et Carcastillo, où l'on rencontre des bacs : Santacara et Melida, où il y a un gué : Caparoso, où il est traversé par la route de Pampelune, et enfin, Marcilla, où passe la voie ferrée qui conduit à la première de des deux villes. Un peu en aval, il reçoit l'*Arga,* et se jette dans l'Èbre, près de Milagro, où l'on remarque un pont en bois.

Dans la Navarre, le volume de ses eaux est déjà considérable, et il n'y est point guéable pendant l'hiver. La vallée dans laquelle il coule est d'abord étroite et accidentée; bordée sur la gauche par les Bardenas, vaste lande inculte, elle devient, à partir de Caparoso, large et fertile. Les gués y sont extrêmement dangereux. Il arrive souvent, en effet, que des crues surviennent subitement sans qu'on ait pu les prévoir, et emportent les hommes et les animaux qui s'y aventurent.

Les Pyrénées détachent un contre-fort qui se joint à la sierra de Navascuez ; celle-ci se relie à la sierra de Leire, qui vient mourir au confluent de l'Aragon et de l'Irati, et qui forme, avec celle du Perdon, un défilé remarquable dans lequel coule le premier de ces cours d'eau. Ce contre-fort et ces deux chaînes séparent l'Irati de l'*Ezca*, qui arrose la vallée de Roncal et se grossit des nombreux ruisseaux qui descendent des ports de Arlas, Anias, Bimbalet et Belay, passages des Pyrénées obstrués par les neiges pendant la moitié de l'année et toujours fort difficiles à franchir.

Du pic de Urtiaga, dans le rentrant des Aldudes, part un contre-fort âpre et sauvage, sans nom distinct, qui court vers le sud-ouest jusqu'à Pampelune, où il s'épanouit en plusieurs rameaux, et sépare l'Arga de l'Irati. Ce dernier cours d'eau est formé par les deux ruisseaux de *Hurchuria* et *Urbelcha*, qui naissent à la base du pic de Ori, dans les ports de Irati-Soro, et se réunissent dans les bois épais de Irati.

Resserrée entre la chaîne des Pyrénées et les monts de Abodi, contre-fort abrupte qui se détache du mont de Ori, cette rivière suit tout d'abord une direction parallèle à celle de cette chaîne. Après avoir reçu à Orbaiceta les eaux du *Lizarza,* qui descend du port de Roncevaux, elle passe par Arive, s'incline encore vers le sud, traverse le village de Gorriz, où elle se grossit sur sa droite de l'Urrobi, et arrose Aoiz, où elle est traversée sur un beau pont de pierre par la route de Lumbier à Pampelune. Près de Agos, elle reçoit l'*Erro*, et à Ripodas, l'*Areta* baigne Lumbier, où elle se joint au *Salazar*, et se jette dans l'Aragon à Liedéna. La vallée étroite et tourmentée dans laquelle elle coule prend le nom de Aezcoa, dans sa partie supérieure, et dans sa partie inférieure, celui de Urraul. Elle n'est pas guéable pendant l'hiver; mais pendant l'été et aux époques de sécheresse, il est facile de la passer en plusieurs endroits.

La montagne de Abodi, au point où se trouve la hauteur de Arive, change brusquement de direction vers l'est et donne naissance à la sierra de Areta, qui, au pic de Arasa-Mendi, envoie quelques rameaux qui finissent au *Salazar* et séparent ses eaux de celles de l'*Urrobi*.

Le *Salazar* prend sa source au petit port de Betzula, dans les Pyrénées, reçoit peu après le *Satoya*, qui vient du versant septentrional du port de Areta et se jette dans l'Irati après avoir arrosé une multitude de localités qui peuplent la vallée à laquelle il donne son nom. Les eaux de l'*Areta,* qui prend sa source dans le versant méridional du port de même nom, sont séparées de celles du Salazar par une des ramifications que disperse le pic de Arasa-Mendi : il arrose la vallée du haut Urraul et finit dans l'Irati.

Deux contre-forts se détachent des Aldudes : le premier court entre l'Irati et l'Urrobi, le second, qui porte le nom de sierra de Libia, forme la ligne de partage entre l'*Urrobi* et l'*Erro.*

L'*Urrobi* naît au port de Roncevaux et suit la vallée de l'Arce, dans laquelle se trouve la route de Aoiz, qui n'est achevée que jusqu'à Roncevaux.

L'*Erro* prend sa source dans les Pyrénées, au port de Estabegui, traverse sous un pont de pierre la route de Aoiz à Pampelune, et se jette dans l'Irati, comme nous l'avons dit plus haut.

L'*Arga,* dont le bassin a été déjà décrit, puisqu'il est formé par la partie orientale de celui de l'Ega, la Pyrénaïque et la partie occidentale de celui de l'Irati, descend du port de Urtiaga dans les Aldudes, coule dans la direction du sud, arrose la vallée étroite et très-accidentée de Esteribar, reçoit sur la droite, à Villaba, les eaux de l'Ulzama, passe à l'ouest de Pampelune et baigne ses murs, auxquels il sert de fossé. Il incline à l'ouest après avoir croisé la route de Vitoria, pénètre dans la vallée large et fertile de Zizur, et rencontre, près de Ibero, la route de Estella qui le franchit sur un pont. Il reçoit, sur la droite, le *Larraun,* arrive à Belazcoain, où se trouve un autre pont, tourne encore vers le sud et se dirige à travers une fertile vallée vers Puente-la-Reina, où il croise la route d'Estella; il passe un peu après à Mendigoria, où se trouve un pont et où il se grossit du *Salado :* à Larraga, Berbinzana, Miranda de Arga, Falces et Peralta, où il existe aussi des ponts, et se jette dans l'Aragon au-dessous de Funes.

Les nombreux ruisseaux qui naissent dans la chaîne Pyrénaïque aux ports de Saspiturrieta et de Arraiz, forment l'*Ulzama,* qui arrose dans son cours supérieur la vallée de l'Odieta : il se joint à l'*Argui,* qui prend aussi sa source dans la Pyrénaïque, non loin de Oroquieta, et plus bas, au *Mediano,* qui descend du port de Velate : il entre ensuite dans la vallée de Escarbarte et se jette dans l'Arga à Villaba. La route de

France remonte d'abord son cours, puis celui du Mediano. Les vallées arrosées par l'Argui et l'Ulzama portent le nom de cette dernière rivière.

Le bassin du *Larraun* est formé par deux ramifications de la Pyrénaïque, l'une sépare ses eaux de celles de l'Ulzama et détache deux contre-forts, le premier qui se dirige vers la sierra de Andia, le second qui se prolonge au nord de Pampelune, et qui porte le nom de montagnes de San-Cristobal. Ces montagnes sont coupées par l'Arga et se rattachent au nord de Huarte à la ligne de partage des eaux de cette rivière et de l'Irati. L'autre ramification, dite sierra et peña de San-Miguel, sépare le *Larraun* du *Burunda*.

Le *Larraun* prend sa source au port de Azpiroz, coule dans la direction du sud, et, avant d'arriver à Irurzun, franchit, près de Latasa, un profond défilé resserré entre deux rochers élevés que l'on désigne sous le nom de las Dos Hermanas (1); il reçoit l'*Ichaso*, qui arrose la vallée de Basaburua mayor et se grossit de nombreux ruisseaux qui descendent de la Pyrénaïque.

(1) Les deux Sœurs.

Le *Burunda,* tributaire du Larraun, naît dans la sierra de San-Adrian, sur la frontière de l'Alava, parcourt la vallée de ce nom et se jette à Irurzun dans le Larraun. Celui-ci coule dans la direction du sud; à Anoz, où il existe un pont d'une grande importance militaire dans l'hypothèse d'une guerre civile, il reçoit le *Chiquito,* qui arrose, dans la sierra de Andia, les vallées de Goñi et de Ollo, puis il se jette dans l'Arga.

La route de Vitoria à Pampelune suit les vallées du Burunda et du Larraun, se sépare à Irurzun d'une autre route qui passe par las dos Hermanas, et franchit la chaîne Pyrénaïque au port de Azpiroz, où elle se bifurque : l'un des embranchements se dirige vers Tolosa par Betelu, l'autre vers la frontière de Guipuzcoa par le port de Urto. De Alsasua, dans la vallée du Burunda, se détache également une voie de communication qui traverse la chaîne au port de Echegarate et rejoint, à Beasain, la grande route de France par Vitoria.

Une chaîne connue sous les noms de montagnes de Muniain, de Guirguillano, de Mañeru, et qui se termine au confluent du Salado et de l'Arga, constitue la ligne de partage des eaux de ces deux rivières.

Le *Salado* prend sa source au point de jonction des sierras de Andia et de Urbasa, arrose les vallées de Guesalar et de Yerri, et se jette dans l'Arga, en face de Mendigorria.

# CHAPITRE II.

ÉTUDE DES PROVINCES BASQUES ET DE LA NAVARRE
AU POINT DE VUE MILITAIRE.

Après avoir décrit les provinces basques et la Navarre, il est nécessaire, pour les étudier au point de vue militaire, de prendre comme point de départ toutes les lignes que l'on peut adopter comme bases dans l'hypothèse d'une armée qui commence les opérations sur ces portions du territoire pour les pousser dans l'intérieur du pays. Bien que dans les chapitres suivants nous distinguions celles qu'il est possible de choisir et celles que l'on doit rejeter, nous les discuterons toutes néanmoins, de manière à examiner complétement les deux zones de l'est et de l'ouest, en faisant ressortir les propriétés militaires de leurs conditions topographiques.

Nous supposerons également que la guerre est déjà régulière et que nos troupes occupent seulement les capitales de ces provinces, circonstance dans laquelle nous nous sommes trouvés pendant la guerre civile de Sept ans, pendant celle qui vient de finir, et dans laquelle nous nous trouverons toujours lorsque la lutte prendra le caractère de guerre régulière.

A partir du versant oriental, la première base convenable qui se présente est la ligne de l'Èbre; mais elle est si vaste, elle exigerait une armée si nombreuse, qu'il ne paraît guère possible d'entreprendre les opérations sur toute son étendue; aussi la diviserons-nous en trois bases secondaires. La première qui est comprise entre la source du fleuve et Miranda de Ebro, la seconde qui va de ce point à Logroño, et la troisième qui embrasse l'espace contenu entre cette dernière place et Tudela. Voilà quelles devraient être, à notre avis, les trois bases d'opérations contre les trois provinces de Biscaye, d'Alava et de Navarre.

Aucune des opérations qui, de l'Èbre, seraient dirigées vers l'intérieur des provinces basques, ne rencontrerait d'obstacle véritablement insurmontable dans les deux premières parties de cette base jusqu'à la chaîne Pyrénaïque. Ce redoutable échelon offre, dans tous les sens, d'excellentes lignes qui, fortifiées convenablement et bien défendues, constitueraient une barrière presque infranchissable si l'on tentait de les attaquer de front, et toujours très-difficiles à forcer, si l'on prenait le parti de les tourner, bien que l'accès en soit beaucoup plus aisé du côté du versant oriental que du côté du versant septentrional.

Si, en partant de la région supérieure de l'Èbre, on essaie, soit par la gauche, soit sur les limites qui séparent la Biscaye de la province de Santander, de porter les opérations sur le versant septentrional, qui, dans cette zone, forme la première de ces deux provinces, on peut, avant d'arriver à la ligne de partage des eaux marquée par les montagnes élevées et abruptes de l'Ordunte, rencontrer une résistance sérieuse dans les ramifications sauvages qui s'en détachent jusqu'au versant oriental, et qui sont susceptibles d'une bonne défense si l'ennemi sait tirer parti de la configuration accidentée du terrain.

De ce côté, l'attaque ne saurait être dirigée que par la vallée de Mena pour arriver à la ligne du Cadagua par Valmaseda, parce qu'en se portant plus à gauche, abstraction faite des obstacles insurmontables que présentent les monts de l'Ordunte, ou en les supposant franchis, on tomberait dans la vallée du Carranza et dans les Encartaciones, région aussi pauvre que tourmentée.

Si nous admettons que nous sommes parvenus au Berron et que nous sommes arrivés, par conséquent, à la ligne générale de partage des eaux pour nous porter sur Valmaseda, l'ennemi peut facilement se rendre maître sur les côtés de positions excellentes. La vallée du Cadagua est très-resserrée et ses flancs sont trop escarpés pour qu'on puisse les gravir; il suffit que l'ennemi les occupe pour qu'il soit absolument impossible de se maintenir dans cette vallée, exposée tout entière à l'action des feux croisés de mousqueterie. Ces flancs sont formés sur la gauche par les hautes montagnes de la Magdalena et les pics de Santa-Agueda, et sur la droite, par la sierra de Gordejuela, les monts de Balante et de Pagarri, près de Bilbao.

Une autre direction à suivre pour envahir la Biscaye, en partant de l'Èbre, est celle de l'Omecillo, qui conduit à Orduña et permet de gagner le Nervion. Bien que la ligne déterminée par cette rivière ne présente pas d'aussi grandes difficultés que celle du Mena, elle est cependant dominée sur la gauche par les sierras de Aracena, de la Salvada, et sur la droite, par celles de Aratejas, de Santiago et par les montagnes de Gibijo. La vallée du Nervion est extrêmement resserrée; il faut, pour y arriver, occuper le premier les crêtes qui sont très-âpres et offrent, à Llorio, Areta et Miravalles, d'excellentes positions défensives.

Il existe encore deux directions que l'on peut prendre en partant de la région supérieure de l'Èbre, pour pénétrer en Biscaye; ce sont celles de Arratia et de Durango : nous nous bornerons à les étudier à partir de Vitoria seulement, cette place étant toujours restée en notre pouvoir. Si les communications entre elle et Miranda de Ebro ne nous appartenaient plus, et qu'il fût nécessaire de les rétablir, nos troupes n'auraient à vaincre d'autre résistance que celle que l'ennemi pourrait leur opposer sur la ligne défensive des monts de Vitoria et de las Conchas de Arganzon, dont nous parlerons dans un autre chapitre de cet ouvrage.

A partir de Vitoria, on ne rencontre aucun

obstacle sérieux pour parvenir à Villareal de Alava; mais pour se porter de ce point sur la ligne générale de partage des eaux, au port de San-Antonio de Urquiola, on trouve de chaque côté une série de positions couvertes de bois, dont la possession ne pourrait être obtenue qu'au prix de pertes énormes, si l'ennemi les fortifie aussi solidement et s'il les défend aussi énergiquement qu'il l'a fait pendant la dernière guerre. Elles consistent dans une succession de rameaux abruptes que détachent du côté du versant oriental les peñas de Gorbea, de Urquiola et de Amboto. Mais si, par surprise ou de toute autre manière, on peut arriver sur la crête de la chaîne Pyrénaïque, à l'ermitage de San-Antonio de Urquiola, on domine la vallée de l'Ibaizabal, sur le versant septentrional, et rien ne s'oppose à la marche des troupes sur Durango. On commande et on tourne ainsi les redoutables positions de la Mañaria.

A partir de Villareal de Alava, on peut également suivre deux autres lignes d'invasion: l'une, qui se dirige par la vallée de Arratia pour tomber en Biscaye, et l'autre par la vallée de Aramayona pour pénétrer dans le Guipuzcoa. On ne saurait cependant les considérer comme remplissant les conditions nécessaires ; les vallées qu'elles parcourent sont extrêmement resserrées, et lorsqu'on arrive à la ligne générale de partage des eaux, après avoir surmonté de sérieuses difficultés, on se heurte sur le versant septentrional à des obstacles plus grands encore.

La première de ces vallées est bordée, à gauche, par les hautes montagnes de Mendiguerra, de Mendoya et par les contre-forts qu'elles envoient, et, sur la droite, par ceux qui dépendent des peñas de Urquiola et des monts de Iguengona. S'il était nécessaire de passer par cette vallée ou si la situation de l'ennemi le rendait possible, il faudrait occuper la petite vallée de Dima, qui en est séparée par une ramification de la chaîne Pyrénaïque ; une fois maître de San-Antonio de Urquiola, on commande aisément toute la région voisine.

La vallée de Aramayona, qui conduit à Mondragon, sur la ligne du Deba, est à peu près impraticable, non-seulement en raison de sa faible largeur, mais aussi à cause de l'impossibilité de gravir ses flancs, formés sur la gauche par les peñas de Udala et les rameaux aussi sauvages qui s'y rattachent, et, sur la droite, par un contre-fort qui part du port de Arlaban, et constitue la ligne de partage entre le Deba et les cours d'eau voisins. En prenant Vitoria pour base, on peut pénétrer dans le Guipuzcoa par le bassin de cette rivière. Il faut, dans ce cas, vaincre d'abord de sérieuses difficultés, depuis le hameau de Ulibarri-Gamboa et les Ventas de Ventabarri; et quand on les a surmontées avec beaucoup de peine, on entre dans la vallée du Deba, qui est bien plutôt un long et profond défilé dont on ne peut s'assurer la possession qu'en occupant auparavant ses crêtes élevées.

De Vitoria à Salvatierra, les troupes qui se dirigent vers la Navarre, par la vallée du Burunda, ne rencontrent point d'obstacles dans leur marche, quoique la route soit bordée, à gauche par les pentes de la chaîne Pyrénaïque. A Salvatierra se trouve une ligne de défense peu étendue, mais de difficile accès, marquée par le mouvement de terrain qui sépare les sources du Zadorra de celles du Burunda, et après lequel la vallée devient extrêmement étroite. Elle est longée de près, à gauche, par les monts de Alzania, à droite, par la sierra de Urbasa, et peut être battue par des feux croisés de mousqueterie. Elle s'élargit considérablement après Echarri-Aranaz jusqu'à Irurzun, où elle se rétrécit de nouveau. La grande difficulté pour pénétrer dans cette vallée ne résulte pas précisément de son peu de largeur, mais bien plutôt de la nature de ses flancs. Celui du nord, qui n'est autre que la chaîne Pyrénaïque, est tout à fait infranchissable par les ports de San-Adrian et par les monts de Arraiz; il peut être abordé, mais difficilement, par ceux de Alzania et par les ports de Echegarate, de Berranoa et par la base de la sierra de Aralar; le flanc méridional formé par une succession de peñas, qui constituent les sierras de Urbasa et de Andia, est complétement inaccessible à partir de la vallée, et les passages ou ports qu'on y remarque sont inabordables, même quand ils ne sont défendus que par une poignée d'hommes. Pour le dominer, il faudrait pénétrer dans la sierra de Urbasa en partant de la plaine d'Alava par les ports de Guereñu, opération qui entraînerait des pertes considérables et dont l'issue serait douteuse, s'ils étaient bien défendus, en raison de l'extrême difficulté du terrain et de la raideur des pentes. De plus, si l'on suppose que les troupes, après avoir enlevé ces redoutables positions, sont parvenues sur le plateau de Urbasa, on peut les considérer comme isolées du corps principal qui envahit la Burunda et sans aucune liaison avec lui; leur ravitaillement est à peu près impossible, et si le gros des forces ennemies tombait sur elles, leur situation deviendrait très-critique.

En prenant toujours Vitoria pour base, on peut suivre une autre ligne pour pénétrer dans la Navarre, c'est celle de Maestu. A partir des villages de Troconiz et d'Ijona, il faut monter pour traverser, par les ports d'Azaceta et de Herenchu, la chaîne des montagne de Vitoria, dont les pentes sont âpres, semées d'obstacles naturels, et offrent des positions presque inexpugnables. Après les avoir franchies, on arrive à Maestu et l'on descend dans la vallée de l'Egea ou de Atauri, nom sous lequel elle est plus généralement connue dans le pays. On pénètre alors dans un défilé long, étroit et difficile, formé par les monts de Izquiz et les hauteurs de Encio, et après avoir dépassé Santa-Cruz de Campezu, on trouve le passage barré par la redoutable montagne de Arquijas. Des considérations que nous venons de présenter résulte évidemment l'impossibilité de se servir de cette ligne d'invasion.

S'il était nécessaire d'occuper le comté de Treviño, la direction naturelle à suivre pour exécuter cette opération serait celle de l'Ayuda, et pour marcher sur Peñacerrada, celle de l'Inglarès, toutes deux partant de l'Èbre dans sa région centrale. Il faut renoncer à choisir Logroño et la Guardia comme points de départ, ainsi qu'on a prétendu pouvoir le faire ; la sierra de Toloño fermerait absolument le passage aux troupes, devant lesquelles elle se dresserait comme une barrière infranchissable.

Avant de passer à l'étude des lignes d'invasion qui, de la région inférieure de l'Èbre, mènent dans l'intérieur de la Navarre, nous examinerons, sous le rapport militaire, la situation d'Estella, son territoire, ainsi que les directions qui y conduisent en partant de la base indiquée plus haut. Considérée à ce point de vue, la ville d'Estella n'offre aucune importance ; arrosée par l'Ega et située dans un défilé étroit et profond, elle est complétement dominée, au sud, par une montagne élevée, le Montejurra : à l'est, par les hauteurs de Villatuerta : au nord, par celles de Montemuro et de Zubielqui, et à l'ouest, par celle de Monjardin. Néanmoins, pendant la guerre de Sept ans et dans celle qui vient de finir, elle a acquis une grande notoriété et son nom restera certainement dans l'histoire. Elle le doit à ce qu'elle est devenue momentanément la capitale d'une région riche en productions naturelles de toutes sortes, habitée par une population fanatisée jusqu'au délire par l'idée carliste, et sans doute aussi parce qu'elle est voisine des vallées de las Amezcoas et des sierras de Urbasa et de Andia, qui, par suite de leurs conditions topographiques et du manque absolu de voies de communication, ont été dans le passé et seront encore dans les guerres de l'avenir comme la citadelle et le dernier boulevard de l'insurrection, le dernier point aussi que fouleront les troupes chargées de l'étouffer. Les carlistes ne l'ont jamais fortifiée, parce qu'elle ne saurait être défendue et qu'elle ne présente aucune des qualités que doit posséder une place de guerre. La prise de l'une des hauteurs ou des montagnes qui l'entourent entraîne forcément sa reddition, et cette circonstance est précisément la raison pour laquelle la conquête en est difficile.

Pour se diriger sur Estella, il existe deux lignes à partir de la base de l'Èbre, et trois à partir de celle de l'Arga.

En prenant l'Èbre comme origine du mouvement, la première est la route de Logroño par los Arcos. Elle suit un terrain découvert et légèrement accidenté qui permet l'emploi des trois armes. A cinq kilomètres environ de los Arcos, la route est barrée par une chaîne de hauteurs assez élevées, à pentes rapides et sauvages, qui se détache de la sierra de San-Gregorio, vient rompre la monotonie de ce terrain uni et couvert de cultures, et constitue la ligne de partage des eaux du *Cogullo*, affluent de l'*Odron* et du *Zamarca*, affluent de l'Ega. Cette petite chaîne est remarquable par sa structure; elle présente trois brèches ouvertes dans sa masse par trois branches du Cogullo; ce sont: le port de ce nom, par lequel passe la route de los Arcos à Estella et qui forme un défilé assez profond; celui de Lobos, qui donne passage au chemin carrossable naturel de Sesma à los Arcos, et enfin celui de San-Julian, par lequel passe le chemin de Lodosa à Estella par Allo. La chaîne que nous venons de décrire ne saurait être attaquée directement sans de grands risques, si elle est convenablement fortifiée et bien défendue. On devra donc faire une démonstration sur le front pendant qu'on dirigera l'attaque principale sur la sierra de San-Gregorio, par la route de los Arcos à Mues dont on cherchera à s'emparer par surprise. Si l'on y parvient, on prendra en flanc d'une manière complète le port de Cogullo et son défilé. De toutes façons et quelques pertes qu'entraîne l'occupation de ce port, il est indispensable de s'en rendre maître, ainsi que de la sierra de San-Gregorio, qui commande la route de Estella jusqu'à Azqueta. La marche pourra se poursuivre ensuite sans obstacle sérieux jusqu'à Urbiola, Luquin et Barbarin, bien que la possession de ces deux dernières localités doive être chèrement achetée, mais il est impossible d'aller au delà par la vallée de Santisteban, resserrée entre la peña de Monjardin, à gauche, et celle de Montejurra, à droite. Les pentes de la première sont régulières, cultivées jusqu'à mi-côte, coupées de clôtures qui séparent les héritages et forment autant de parapets et de tranchées d'un abord très-difficile. Les pentes de la seconde sont escarpées et rapides, couvertes de bois, de bruyères et inaccessibles en plusieurs endroits. La prise de ces deux forteresses naturelles présente de graves difficultés, et si l'on n'est point parvenu à s'y établir, il est absolument impossible d'arriver par cette ligne à Estella, parce que les feux de mousqueterie qui en partent se croisent sur toute la vallée et sur la route qui la parcourt.

La seconde direction à suivre pour se porter sur cette place en partant de l'Èbre, est la route de Lodosa par Allo. Jusqu'à ce point et après avoir franchi le petit port de San-Julian, la marche s'effectue sans aucun embarras dans un terrain ouvert et cultivé; mais au delà, la route qui longe l'Ega en remontant son cours est dominée à gauche par le Montejurra, dont l'accès de ce côté est beaucoup plus difficile que sur le versant occidental; de plus, les hauteurs de Santa-Barbara, de Oteiza et de Villatuerta, qui bordent la rive gauche de l'Ega, commandent la route et la vallée de la Solana d'un peu plus loin, il est vrai, que le Montejurra, mais d'assez près cependant pour que l'artillerie et la mousqueterie les rendent tout à fait impraticables. Il est donc nécessaire pour y pénétrer de se rendre maître de ces montagnes.

Des trois lignes qui conduisent à Estella en partant de la base de l'Arga, la première est la route de Larraga et de Oteiza, par la vallée de

Yerri. Elle se trouve, jusqu'à Oteiza, dans des conditions indentiques à celles des lignes que nous avons décrites. Après cette ville, elle est dominée par le Montejurra sur la gauche, par le mont Esquinza sur la droite, et peut être battue par les feux de mousqueterie qui partiraient de ces hauteurs. Après Villatuerta, elle entre dans un long couloir et suit la rive gauche de l'Ega, dont elle remonte le cours. Ce défilé est formé par les ramifications du Montejurra et des hauteurs de Grocin, de Zuricain et de Murugarren, dans lesquelles on ne peut pénétrer sans s'être emparé d'abord des points culminants.

La seconde ligne est la route de Puente la Reina, qu'on peut considérer comme un défilé continuel; au débouché de cette ville, elle est bordée à droite par les monts du Gurguillano, les hauteurs de Santa-Barbara et de Alloz jusqu'à Lorca, où elle peut être continuée par la route de Oteiza qu'elle rejoint un peu plus loin, ou bien par celle qui entre dans la vallée de Guesalar et qui est dominée à gauche par les hauteurs qui commandent à droite la précédente. Cette vallée est plus ouverte; mais les feux partant, à gauche, du mont Esquinza et des collines de Villatuerta la rendraient impraticable.

La troisième ligne est la route de Pampelune à Estella qui traverse l'Arga sur le pont de Ibero, après lequel elle est constamment dominée et exposée aux feux venant des ramifications de la sierra de Andia, qui présentent dans leurs versants méridionaux des positions presque inexpugnables; telles sont les montagnes de Munain, de Vidaurre, de Arizala et de Azcona. Sur la gauche, la route serait également battue par les hauteurs de Belazcoain jusqu'au delà de Salinas de Oro, où se déroule la vallée de Guesalar qu'elle parcourt, et dont la configuration devient plus accidentée près de Ugar. Cette ligne offrirait des obstacles beaucoup plus sérieux que les précédents.

De l'examen auquel nous venons de nous livrer, il résulte qu'il est impossible d'arriver à Estella en prenant une seule direction, puisque, séparément, elles présentent toutes des difficultés considérables et que, si l'on parvient à s'en assurer la possession, ce n'est qu'au prix de grands sacrifices et avec plus de chances pour un échec que pour un succès. Nous ne croyons pas qu'il soit possible de se porter sur cette place autrement qu'avec des forces suffisantes pour s'avancer par échelons sur deux ou trois lignes à la fois, de telle sorte qu'elles se flanquent pour ainsi dire mutellement. Dans un autre chapitre, nous discuterons d'une manière détaillée cette opération et celles qui, de l'Èbre, peuvent être dirigées contre la Navarre dans le but de faire tomber la ligne de défense qui commence à la sierra de San-Gregorio, passe par les positions qui couvrent Estella et se prolonge par le Carrascal et la sierra de Alaix jusqu'à celle de Leire.

Il y a un grand intérêt à étudier également, sous le rapport des voies de communication qui conduisent à Estella, les lignes susceptibles d'être adoptées en prenant l'Arga pour base.

De Pampelune, on peut suivre encore la ligne de la Burunda, vallée étroite et bordée jusqu'à Irurzun par les sierras de Andia, de Gulina et de Justipen, qui présentent de nombreux obstacles et des positions défensives dont la possession serait vivement disputée et coûterait beaucoup de sang s'il fallait les attaquer de front et si l'ennemi, s'apercevant de ce dessein, avait le temps d'y préparer sa résistance. Le seul moyen d'obtenir ce résultat serait de le tromper par une démonstration et d'exécuter l'opération par surprise; dans le cas contraire, il serait bien préférable d'y renoncer.

On peut aussi choisir comme base la ligne de la frontière ou de la Bidassoa, dont nous aurons plus tard à examiner les propriétés militaires en analysant celles de la vallée de Batzan. Dans cette hypothèse, les opérations vers l'intérieur peuvent s'effectuer par le versant oriental, par le versant septentrional ou par les deux à la fois; mais il y aurait lieu de considérer alors les unes comme indépendantes des autres jusqu'aux ports de Leiza et de Azpiroz. La région qui, dans ce dernier cas, séparerait les deux armées, c'est-à-dire les montagnes de Aya et de Goizueta, est en effet si étendue, si peu peuplée et si dépourvue de routes, qu'il serait sinon impossible, du moins très-difficile d'établir des communications par ses flancs. Le télégraphe international, et celui qui se construit dans le Baztan, sont, avec le câble de Saint-Sébastien, les seules ressources que l'on ait pour combler cette lacune; mais ils offrent bien peu de sécurité pour des opérations combinées accidentellement, à cause des occasions que l'ennemi trouverait pour les détruire, et de la facilité qu'il aurait à déchiffrer les dépêches qui doivent nécessairement passer par beaucoup de mains. Or, à la guerre, et surtout dans une guerre civile, toutes les précautions sans exception que l'on doit prendre pour assurer le secret des dispositions adoptées, ont une importance capitale et ne sauraient reposer sur des moyens incertains.

Le défaut presque absolu de bonnes routes, et la configuration très-accidentée du terrain, rendraient les opérations extrêmement laborieuses sur le versant oriental; il faudrait marcher par la vallée de Basaburua Menor qu'arroze l'Ezcurra, en suivant des sentiers fangeux, traversés par une multitude de torrents sans ponts, en traînant par conséquent avec soi le matériel indispensable pour les passer, et se diriger en même temps par celle de l'Ulzama, dont les conditions sont identiques à celles de la précédente. Toutes deux sont pauvres, manquent absolument de ressources pour l'alimentation des hommes et des animaux, et cette circonstance obligerait les troupes à établir et à conserver leurs communications par des chemins difficiles et des ports impraticables.

En suivant la première, on peut gagner les ports de Leiza et de Azpiroz; en s'engageant dans la seconde, on se rend maître de la chaîne Pyrénaïque et l'on protége ainsi la marche d'un autre corps qui cherche à arriver au même résultat par la vallée de la Burunda. Ce cas se présente lorsque ces trois corps combinent leur mouvement avec celui qui opère sur le versant septentrional et qui, sous leur protection pourra arriver jusqu'à Tolosa, d'où les opérations se continueront ensuite, ainsi que nous l'exposons dans la théorie de la guerre régulière.

Sur le versant septentrional, trois bases s'offrent à une armée qui se propose d'agir dans cette zone; celle de la frontière ou de la Bidassoa; celle de Bilbao ou du Nervion, et enfin, celle de la côte.

Si l'on considère celle de la Bidassoa, la première ligne de défense qui se présente et qui est aussi celle que nous opposerions à une armée étrangère qui tenterait sur ce point l'invasion de notre territoire, est la ligne de partage des eaux de la Bidassoa et de l'Oyarzun : elle n'est point formée par des montagnes élevées ou inaccessibles, mais par des hauteurs cultivées en grande partie et difficiles à aborder si elles sont fortifiées. On y rencontre deux passages bien déterminés dans les collines de Garainchuzqueta et de Anderregui, que traversent les routes de Oyarzun et de Saint-Sébastien.

De fortes positions les flanquent : ce sont le mont Urcabe et les hauteurs du télégraphe ; de plus, les extrémités de la ligne s'appuient aux monts escarpés de Aya et à celui aussi abrupte de Jaizquivel, qui empêchent de la tourner si l'on a eu la précaution de construire sur le sommet de ce dernier deux redoutes armées d'artillerie et destinées à barrer le chemin qui en suit la crête. Malgré ses excellentes propriétés défensives, cette ligne ne saurait être conservée par l'ennemi, si, Saint-Sébastien restant en notre pouvoir, comme il l'a toujours été d'ailleurs, un corps part de ce point et vient la prendre à revers.

La seconde ligne défensive que l'on peut adopter appuie sa gauche vers la côte, aux monts de Igueldo et de Mendizorrotz, suit les hauteurs de Oriamendi, les montagnes de Santiago Mendi, de Choritoquieta, de San-

Marcos, et finit à celles de Malmazar. Les qualités exceptionnelles qu'elle possède ont été démontrées par l'expérience dans la dernière guerre et dans celle de Sept ans. Même avec l'armement médiocre alors en usage, on y perdit beaucoup de monde et l'on n'obtint que des résultats peu satisfaisants toutes les fois qu'on essaya de la percer.

En ce qui concerne cette ligne et celles que nous analyserons encore dans ce pays si accidenté, nous nous bornerons, et il n'est guère possible de faire autrement, à décrire leurs conditions topographiques, puisque la manière de les envelopper et de s'en rendre maître dépend essentiellement de celle dont on se servira du terrain pour manœuvrer, afin de tromper l'adversaire sur le véritable point d'attaque, et surtout de l'habileté avec laquelle on saura profiter, au moment opportun et dans chaque cas particulier, des fautes qu'il pourra commettre.

Celle que nous étudions, forte par sa nature même, devient inexpugnable lorsqu'elle emprunte à l'art ses ressources. Dans les circonstances où les carlistes la possédaient pendant la dernière guerre, et Hernani étant entre nos mains, il n'y avait qu'un seul moyen de la rompre, c'était de simuler une attaque sur sa gauche, vers la côte, et de chercher à découvrir si l'ennemi dégarnissait ou affaiblissait son centre; il fallait alors s'emparer rapidement et par surprise de la voie ferrée et du pont de Fagollaga sur l'Orio pour occuper les monts de Urdaburu et de Malmazar qui dominent la ligne, y faire une trouée et la prendre à revers par son centre et par sa droite. L'exécution de ce plan ne laisse pas que d'être assez malaisée; elle exige beaucoup de précision dans les mouvements et dans les dispositions qui doivent les précéder, ainsi qu'une connaissance très-exacte du terrain. Il suffirait d'une interprétation douteuse ou erronée des ordres donnés pour le faire échouer, quelque bien conçu et préparé qu'il ait pu être.

La troisième ligne de défense part de la côte, suit les montagnes de Iturrioz et de Zarate, ligne de partage des eaux de l'Orio et de l'Urola, continue par celles de Gazume, de Hernio, de Hernialde et de Uzturre, qui forment les redoutables défilés de Tolosa, et se prolonge par celles de Elduayen et de Vizcoch jusqu'à leur jonction avec la chaîne Pyrénaïque. Elle offre sur tout son développement, qui atteint environ cinquante kilomètres, des positions naturelles extrêmement fortes. Deux routes seulement la traversent, l'une sur son flanc gauche, c'est celle de la côte, l'autre à son centre, c'est la grande route de France qui passe par Tolosa et suit la vallée de l'Orio. Tous les autres chemins sont des sentiers muletiers, très-difficiles et praticables exclusivement pour l'infanterie; comme on le voit, les qualités militaires de cette ligne sont aussi avantageuses à la défense que défavorables à l'attaque. Lorsqu'on est parvenu à s'en rendre maître et qu'on possède aussi Tolosa, il s'en présente deux autres pour poursuivre les opérations; ce sont celles de l'Orio et de l'Urola, mais il est nécessaire de les suivre simultanément. La marche s'effectuant alors par la ligne de partage des eaux de ces deux rivières, nous assure la possession des deux vallées dès que nous occupons les montagnes de Albistur, Beizama et Noarbe; nous nous portons ensuite au large de Aldaba, Murumendi, Quizquiza et Izazpi, pour nous emparer de Zumárraga, de la colline de Eizaga, et tomber sur los Martires, dont la prise entraînera celle de Azpeitia et de

Azcoitia, c'est-à-dire de la vallée de San-Ignacio de Loyola, indispensable pour continuer les opérations. La marche par la ligne de partage indiquée plus haut offre bien des obstacles, car elle n'est pas formée par une arête arrondie continue, mais plutôt par une série de hauteurs et de pics plus ou moins prononcés présentant des positions faciles à défendre et très-capables d'arrêter notre mouvement en avant. Il n'existe pour nous qu'une seule ligne de ravitaillement dont la conservation ne peut être garantie qu'en la protégeant sur la gauche par l'occupation de la route de Ataun, d'Idiazabal et de Segura. Il faut, dans ce but, détacher des troupes du corps principal pour les établir sur les points qui la commandent, fortifier ces points et empêcher ainsi l'ennemi d'attaquer nos convois et d'inquiéter leur marche. L'impossibilité de disposer de deux ou plusieurs lignes d'approvisionnement et de communication avec la base est un grave inconvénient, et constitue une lacune qui rend les opérations très-périlleuses sur ce versant.

La quatrième ligne de défense est marquée par les montagnes qui forment la ligne de partage des eaux de l'Urola et du Deba. A partir de l'Urola, nous avons trois routes pour y arriver : celle de Azcoitia à Elgoibar, de Zumárraga à Vergara, et celle d'Oñate; mais les versants orientaux par lesquels nous pouvons l'attaquer sont couverts de forêts de pins si épaisses, leurs pentes sont si rapides, que cette opération rencontrerait des difficultés considérables. Depuis les monts de Azcarate jusqu'à ceux de Irimo, les monts de Elosua présentent dans leur ligne de faîte une arête large, aisée à parcourir, et sur laquelle les troupes peuvent se mouvoir sans peine, circonstance qui augmente les conditions favorables de la défense et qui s'accuse à partir des hauteurs de Descarga, jusqu'au point où ils se détachent de la chaîne Pyrénaïque aux pics de Alona et de Aiztgorri.

Au moment où nous allons tenter de nous emparer de cette ligne, nous avons besoin de la coopération d'un autre corps qui, maître du port et des hauteurs de Arlaban, exécutera une attaque de flanc du côté du versant oriental. Cette coopération nous est nécessaire non-seulement pour nous permettre d'occuper la ligne dont nous recherchons la possession, mais encore pour décider la chute de la suivante, c'est-à-dire de celle de Elgueta, qui ne saurait tomber en notre pouvoir que par une attaque de flanc si l'ennemi la défend avec vigueur et d'une manière intelligente. Une autre considération conseille cette combinaison; c'est que nos troupes étant parvenues à la ligne du Deba, celle de l'Orio, la seule qu'elles possèdent pour leur ravitaillement, est trop éloignée et impossible à conserver, à moins d'y consacrer une grande quantité d'hommes, car il est certain que l'ennemi l'attaquera continuellement et harcélera tous les convois qui la suivront. Il est donc absolument nécessaire de transporter nos dépôts de Saint-Sébastien et de Tolosa à Vitoria, et d'abandonner la ligne de ravitaillement de l'Orio pour la remplacer par celle du Deba.

La ligne que nous venons d'examiner peut être tournée quand, maîtres de celle de l'Urola, nous occuperons la petite et étroite vallée du Lastur. En effet, à partir de ce point, elle se relie directement par une arête arrondie et un chemin carrossable bien entretenu aux hauteurs de Azcarate, et, sur le côté, à celles de Elosua. La structure de la ligne de faîte facilite alors les opérations de l'attaque pour les mêmes raisons qu'elle favorisait auparavant celles de la défense. Mais nous devons tout d'abord nous assurer la coopération d'une escadrille qui aura pour mission de ravitailler l'armée par le port de Deba. Or les conditions dans lesquelles il se trouve, celles qui caractérisent la mer Cantabrique n'offrent pas une sécurité suffisante pour une opération aussi importante que le ravitaillement d'une armée.

Une autre ligne de défense aussi forte par ses qualités naturelles que les précédentes, est tracée par la ligne de partage des eaux du Deba et de l'Ibaizabal, dont les versants présentent des pentes rapides et inaccessibles : elle est très-difficile à percer et plus difficile encore à tourner. Trois routes la traversent à partir de la vallée du Deba : elles viennent de Elgoibar, Vergara et Mondragon, se réunissent à Durango et sont parfaitement défendues par de très-fortes positions de flanc. Il y aurait donc lieu de combiner l'attaque de front, qui deviendrait alors une simple démonstration, avec l'action d'un autre corps qui, s'emparant de San-Antonio de Urquiola, descendrait dans la vallée de l'Ibaizabal et prendrait la ligne en flanc et à revers.

Une armée entrant dans la Biscaye, qui se

rend maîtresse de la ligne de Elgueta et par conséquent du mont de Oiz, le devient par cela même de la chaîne centrale de la province, et ne se heurte jusqu'à Bilbao à aucune autre ligne de défense capable de lui opposer une résistance sérieuse. Mais la question du ravitaillement en subsistances et en munitions qui ne peut être exclusivement confié aux voies de communication maritimes, entraînerait pour cette armée l'obligation de ne pas s'enfoncer dans l'intérieur du pays sans s'être assuré tout d'abord la possession de la chaîne Pyrénaïque, à l'aide de laquelle elle pourrait communiquer avec le versant oriental et constituer ses lignes d'approvisionnement. Ce résultat pourrait être facilement atteint si cette chaîne nous appartient, comme nous l'avons supposé et comme nous le croyons indispensable, du moment qu'on s'est établi sur la ligne du Deba.

On peut aussi choisir comme base d'opérations contre Bilbao, la ligne du Nervion. Dans cette hypothèse, la marche de l'armée s'exécutera en sens inverse de celle qui avait pris pour point de départ Saint-Sébastien et la Bidassoa. Dans le dernier cas, elle aurait suivi le versant septentrional de l'est à l'ouest; maintenant, elle le parcourra de l'ouest à l'est. Les lignes de défense qu'elle rencontrera et qu'elle devra emporter seront nécessairement les mêmes, mais en sens contraire; elle aura donc à exécuter des opérations identiques, sauf les modifications qui résulteront de la configuration du terrain.

Au delà de la base du Nervion, la Biscaye ne présente aucune ligne de défense. Dès qu'on part de Bilbao après s'être emparé des monts de Santa-Marina, on domine la chaîne centrale de la province, et par conséquent la région du littoral et celle du centre, c'est-à-dire la vallée de l'Ibaizabal. La ligne de Elgueta, sur la frontière du Guipuzcoa, est la première où puisse s'organiser une résistance sérieuse; mais jamais une armée qui se proposera de continuer son mouvement en avant dans l'hypothèse indiquée plus haut, ne devra abandonner Durango sans avoir fait occuper auparavant la chaîne Pyrénaïque. Les raisons qui le conseillent sont celles que nous avons données pour le cas où la même armée, ayant pour base Saint-Sébastien, marcherait en sens inverse le long du versant septentrional. Il n'existe qu'une seule et même ligne d'approvisionnement et de communication avec la base : c'est la route de Bilbao à Durango. Des deux côtés, le terrain est très-accidenté, et il sera nécessaire pour la rendre sûre d'y affecter une quantité considérable de troupes : l'ennemi, maître de la chaîne Pyrénaïque, pourrait, en effet, tomber comme une avalanche sur nos convois, qui, déjà bien difficiles à protéger quand nous occupons Durango, ne seront plus garantis du tout lorsque nous serons dans la vallée du Deba.

La conquête de la chaîne Pyrénaïque, en partant du versant septentrional, présente des obstacles qu'il est presque impossible de surmonter. Si, de Durango, nous en tentons l'attaque pour nous emparer du port de San-Antonio de Urquiola, il nous faudra d'abord gravir les pentes étendues et rapides qui forment l'immense escalier dont nous avons parlé, et qui caractérisent toute la chaîne. Après avoir franchi ces degrés qui nous barrent le passage, nous devrons escalader encore les rochers sauvages et inaccessibles qui constituent les positions de Mañaria et forment, avec ceux de Urquiola et de Amboto, de profonds défilés et d'horribles précipices. Il y aurait beaucoup de témérité à supposer qu'on pourra emporter de haute lutte de pareils obstacles, que l'ennemi transformera, presque sans efforts, en des citadelles naturelles absolument inabordables. Cette opération devrait être exécutée en partant du versant oriental, et, dans ce cas, on ne prendrait pas pour base le Nervion et Bilbao, mais bien l'Ibaizabal et Durango; la ligne de communication par San-Antonio de Urquiola ne suffirait point alors, il en faudrait une autre par le port et les hauteurs de Arlaban, afin qu'en s'établissant sur la ligne du Deba, l'armée y trouve sa ligne d'approvisionnement et qu'elle ait Vitoria pour base.

Dans l'hypothèse de la marche par la chaîne centrale de la Biscaye, la ligne de Elgueta sera tournée dès que nous serons maîtres du mont de Oiz. Ce point, qui est la clef de la ligne, sera certainement fortifié solidement et vigoureusement défendu; l'attaque de front présentera de grandes difficultés en raison des nombreuses positions qui s'y rencontrent, de la rapidité des pentes et de l'impossibilité à peu près absolue de les gravir. Pour faire réussir l'entreprise, il serait indispensable qu'un autre corps partant de Arlaban, et se dirigeant le long de la ligne de partage des eaux du Deba et de l'Ibaizabal, vînt tourner la ligne de Elgueta par sa gauche. En présence de ces trois attaques simultanées, l'ennemi ne pourrait plus s'y maintenir et sa situation deviendrait très-périlleuse, puisque le corps de Arlaban aurait toute facilité pour lui couper la retraite dans le cas où il prolongerait trop longtemps sa résistance.

La ligne de partage des eaux du Deba et de l'Urola, formée par les monts de Elosua, présente de meilleures qualités défensives; ses abords ne diffèrent pas de ceux de la ligne de Elgueta, et nous avons déjà fait la description de ses crêtes; mais sa principale force consiste dans la difficulté qu'il y aurait à la tourner : ses deux flancs s'appuient, vers la côte, à la vallée du Lastur, et aux rochers inaccessibles de Alona et Aitzgorri dans la chaîne Pyrénaïque. Contre cette ligne, qui n'offre pas moins de quarante kilomètres de développement, on n'a d'autre ressource que de manœuvrer pour tromper l'ennemi et profiter de ses fautes. Si l'on parvient à s'en rendre maître, on le devient par cela même de celle de l'Urola et du cours supérieur de l'Orio, aussitôt après l'occupation de la vallée du Lastur, position militaire très-importante dans cette hypothèse. Il nous reste pour achever la conquête du Guipuzcoa à forcer les défilés de Tolosa : la prise du nœud formé par les monts de Hernio, nous en assure la possession. Pour atteindre ce résultat, il est nécessaire d'avoir deux corps d'armée se protégeant mutuellement, évitant de combattre et d'attaquer de front les redoutables positions qui se dressent devant eux. L'un d'eux partira des monts de Izazpi, couvrira la vallée de l'Orio en la dominant, assurera ses communications, et se dirigera vers les montagnes sauvages de Goyaz et de Vidania, pendant que l'autre, restant en relation avec la mer, marchera d'Azpeitia, par les monts de Araunza, sur la vallée du Regil, et arrivera à ceux de Hernio et de Hernialde qui commandent Tolosa et ses défilés.

Quoique la ligne de l'Orio présente un grand nombre de positions susceptibles d'une bonne défense, toutes peuvent être tournées si l'on parvient à cheminer par la ligne de partage des eaux de cette rivière et de l'Urola, sans qu'il s'en trouve aucune capable, jusqu'à Saint-Sébastien, d'arrêter une armée.

Il nous reste à examiner, dans le versant septentrional, l'hypothèse dans laquelle notre base d'opérations serait la mer.

En Biscaye, une armée qui adopterait une pareille base rencontrerait comme premier obstacle la chaîne centrale de la province. Après l'avoir franchie au prix d'efforts inouïs, elle viendrait se heurter contre la chaîne infranchissable de la Pyrénaïque.

En Guipuzcoa, si la marche de la côte au versant oriental s'effectue par la ligne du Deba, la très-faible largeur de la vallée, qu'il conviendrait mieux de qualifier de défilé, et la structure de ses crêtes, rendraient cette opération extrêmement laborieuse. En admettant que l'on parvienne à triompher de ces obstacles, on se trouve encore en présence de l'infranchissable chaîne Pyrénaïque. Si l'on opère dans la vallée de l'Urola pour passer dans celle de l'Orio, le caractère topographique de la ligne de partage des eaux entre ces deux rivières rend l'exécution de ce plan bien difficile, et l'on rencontrerait toujours debout devant soi, comme un géant prêt à épouvanter les plus téméraires, la Pyrénaïque, qu'il faut inévitablement traverser pour passer sur le versant oriental.

Enfin, nous avons déjà examiné l'hypothèse dans laquelle l'armée prendrait Saint-Sébastien comme point de départ.

Des considérations que nous avons présentées, il résulte que les opérations exécutées sur le versant septentrional sont très-aventureuses, que leurs résultats sont médiocres, et qu'il est impossible de les faire aboutir si on les entreprend avec un corps isolé sans les combiner avec d'autres opérations partant du versant oriental. Nous donnerons dans notre théorie de la guerre régulière les raisons qui nous les font considérer comme inadmissibles.

Notre étude appliquée à cette même zone, mais en envisageant l'hypothèse d'une invasion de notre territoire, présenterait une utilité incontestable, puisqu'il s'agirait de trouver les moyens de sauvegarder l'intégrité de notre patrie. Nous nous bornons pour le moment à énoncer ce problème; peut-être un jour en rechercherons-nous la solution avec tous les détails qu'il comporte.

# CHAPITRE III.

GUERRE IRRÉGULIÈRE OU DE GUERRILLAS. — THÉORIE — EN NAVARRE, — DANS LES PROVINCES BASQUES.

Les guerres civiles ou les insurrections dans une zone du territoire ne débutent pas généralement par une levée en masse de ses habitants, mais se développent progressivement avec une plus ou moins grande rapidité, qui dépend d'une foule de circonstances plutôt politiques que militaires. Quelques bandes apparaissent, ordinairement peu nombreuses, levant la bannière de l'insurrection, et s'il n'existe pas de forces suffisantes pour les dissiper dès leur origine, ou si l'on manque du tact et des connaissances nécessaires pour que les mesures adoptées par les autorités produisent un effet salutaire, les bandes se grossissent de nouveaux adhérents ou de jeunes gens qui abandonnent leurs foyers, enrôlés par séduction ou par violence; elles s'organisent, reçoivent des armes, forment bientôt des bataillons et tendent à devenir une armée. A partir de ce moment, la lutte avec elles perd son caractère de guerre irrégulière pour revêtir celui de guerre régulière.

L'insurrection d'une portion du territoire est un fait qui ne saurait se réaliser en présence des moyens puissants qu'un gouvernement tient dans sa main, tels que les voies ferrées, les bâtiments à vapeur et le télégraphe électrique; mais pour les utiliser, il faut que la nation possède une armée proportionnée au chiffre de sa population et dotée de tous les éléments nécessaires pour passer rapidement du pied de paix au pied de guerre. S'il en est ainsi, en quelques jours, quelques heures peut-être, on peut concentrer sur le territoire soulevé une masse de troupes assez considérable pour occuper militairement le pays, disperser et saisir les insurgés sans leur laisser le temps de s'organiser. Les guerres civiles sont semblables aux incendies, faciles à étouffer à leur naissance, mais qu'il est impossible de maîtriser quand on a laissé passer le moment favorable.

La théorie de la grande guerre trouve dans

les luttes de ce genre une application spéciale. Il semble au premier abord, et le vulgaire a coutume d'émettre cette opinion, que tout individu doué de certaines qualités naturelles a une aptitude suffisante pour en conduire les opérations. C'est une erreur bien grave, qui a été pour notre pays la cause de malheurs nombreux et la source de cruelles déceptions. Ces qualités naturelles sont, il est vrai, indispensables à tout homme appelé à commander une armée; mais une pareille situation pendant une guerre civile en exige encore d'autres d'un caractère si exceptionnel, qu'on ne saurait la diriger et obtenir des succès décisifs sans les posséder également.

Toutes les guerres civiles diffèrent entre elles par leurs conditions essentielles ; aussi convient-il de se livrer sur chacune d'elles à une étude attentive, pour faire dans chaque cas une application rationnelle des principes généraux. Elles ne peuvent, en effet, se pratiquer dans le nord de la même manière que dans le centre, ni dans le centre comme en Catalogne. Chacune offre une physionomie bien distincte, des caractères bien tranchés qui résultent de la configuration du pays, des mœurs des habitants, des circonstances dans lesquelles elle a lieu et des idées politiques qui y président. Quoique l'idée qui prédomine soit nécessairement celle pour laquelle le drapeau de l'insurrection s'est levé, on peut constater cependant que si, à très-peu d'exceptions près, c'est le carlisme qui prévaut dans le nord, ces exceptions sont beaucoup plus nombreuses dans le centre et en Catalogne. Dans ce dernier pays, une foule d'hommes belliqueux, s'accommodant mal de la paix, sont toujours prêts à saisir une arme et à courir la vie d'aventures sous les drapeaux politiques les plus opposés.

Lorsqu'on est en présence d'un ennemi qui n'a ni base, ni ligne d'opérations, qui ne possède ni artillerie, ni parcs, qui ne traîne point d'impedimenta à sa suite, qui connaît à fond le pays parce qu'il y est né et qu'il y vit, qui fait de longues marches et de rapides contre-marches, pour qui tous les sentiers, tous les passages sont des chemins commodes, quelque peu praticables, quelque infranchissables même qu'ils puissent être pour des troupes organisées, le poursuivre est difficile, et il est plus difficile encore de l'atteindre et de le battre. C'est alors qu'il faut, comme l'a dit un général français en parlant de la guerre d'Algérie : « oublier les maximes de la guerre régulière pour faire la guerre de circonstance. » Sans avoir l'autorité de ce chef éminent, nous ajouterons qu'il faut savoir faire de ces maximes une application spéciale, exceptionnelle même, suivant les circonstances.

Comme nous l'avons déjà dit, la nature de la guerre varie d'une région à l'autre avec la configuration du pays; la théorie à adopter pour l'exécuter dans chaque province, dans chaque zone du territoire, reposera donc essentiellement sur sa topographie, en tenant compte toutefois, mais d'une manière moins immédiate, du caractère de ses habitants, du degré plus ou moins avancé de leur civilisation, de la perfection plus ou moins grande de leur culture intellectuelle, enfin de toutes les données qui entrent dans la résolution du problème de la guerre, sans oublier ce point très-important, que les luttes civiles sont avant tout politiques.

Si, par suite de la configuration du pays, les plans de campagne peuvent et doivent varier d'une région à l'autre, il en est de même des moyens politiques.

Ce serait commettre une faute grave que

d'adopter, comme système exclusif, une excessive rigueur ou une clémence malentendue; toutes deux doivent être maniées avec beaucoup de tact et d'opportunité, et toujours avec une exacte justice. S'ils sont employés à propos, les actes de sévérité et l'indulgence peuvent donner de grands résultats au début d'une insurrection.

Certaines mesures ne peuvent pas recevoir une application générale dans les quatre provinces, où les mœurs des habitants et les conditions de leur existence varient beaucoup. Ainsi, il ne faudrait pas traiter les Navarrais de la même manière que les Basques, ni les habitants de l'Alava comme les Guipuzcoans. En thèse générale, nous pouvons dire qu'il convient dans toutes les guerres, mais qu'il est absolument indispensable dans le nord, de respecter les usages, les coutumes et jusqu'aux sentiments religieux, qui y dégénèrent parfois en véritable fanatisme.

La province qui mérite le plus de fixer l'attention est la Navarre; c'est celle où l'opinion carliste rencontre le plus d'adhérents, qui présente le plus petit nombre de voies de communication et qui, sous tous les rapports, est la plus arriérée. Ses habitants s'adonnent presque exclusivement à l'agriculture et à l'élevage des troupeaux; ils sont belliqueux, robustes, durs à la fatigue, braves, impétueux dans l'attaque, faibles dans les revers. Les opérations y sont bien plus difficiles que dans les provinces basques, sillonnées par des routes commodes et par des chemins de fer qui facilitent considérablement les mouvements des troupes.

Il existe dans la Navarre une zone, celle des Amezcoas, renommée dans l'histoire de nos discordes civiles, et qui doit cette célébrité à l'absence totale de voies de communication, à ses bois épais et à sa population rare et clairsemée : les sentiers qui la traversent sont impraticables aux troupes pendant la majeure partie de l'année. Le grand plateau formé par les sierras de Urbasa et de Andia, sépare les vallées de las Amezcoas, de Ollo, de Goñi et d'Echaurri, de celle de la Burunda, que les habitants du pays désignent, dans sa partie inférieure, sous le nom de *la Barranca*. Les ports et les passages qui les font communiquer les unes avec les autres sont plus difficiles encore que les chemins; aussi quelques bons tireurs embusqués dans les rochers et les broussailles, suffiraient-ils pour arrêter une forte colonne et l'obliger à rétrograder. La sierra de Santiago de Loquiz se dresse entre les Amezcoas et la petite vallée de Lana, qui communique avec celle de la Berrueza; celle-ci s'ouvre à son tour sur la Solana.

On peut affirmer qu'on détruirait l'importance militaire de cette zone si les bois épais qui la couvrent étaient coupés et si les Amezcoas étaient traversées par quelques routes. La première, faisant communiquer cette contrée avec la plaine de l'Alava par Constrasta, suivrait le cours de l'Urrederra et se terminerait à Estella; une autre, traversant les sierras de Urbasa et de Andia, par les ventas de Urbasa, de Zumbelz et la vallée de Goñi, descendrait dans la Barranca; une troisième, partant du port de Lizarraga, devrait franchir la sierra de Urbasa pour aboutir par le port de Zudaire à l'Amezcoa inférieure. Enfin, une quatrième traverserait la vallée de Lana pour se joindre à la route de Vitoria à Estella.

Une bande ou guerrilla qui se trouve dans les Amezcoas, vigoureusement pourchassée et qui ne peut plus s'y maintenir, se dérobera à la poursuite dont elle est l'objet en marchant presque constamment sur le bord méridional des sierras de Urbasa et de Andia vers Lezaun, et trouvera un refuge dans les vallées de Ollo et de Goñi. Forcée de les abandonner, elle repassera dans les Amezcoas ou bien descendra sur le Larraun, passera le pont de Anoz et tombera dans la Barranca; ou bien encore, elle montera par le port de Unanua, descendra dans la vallée de Ergoyena, pour arriver à la Burunda. Si, vivement poursuivie, elle se voit dans la nécessité de quitter cette vallée, elle remontera de nouveau la sierra de Urbasa pour retomber dans l'Amezcoa, ou bien elle traversera la chaîne Pyrénaïque par la route de las dos Hermanas, par le port de San-Miguel ou celui de Gulina, tous deux escarpés, difficiles, presque infranchissables pendant l'hiver, et viendra tomber dans l'Ulzama ou dans les Basaburuas. Elle gravira les monts de Goizueta par un des ports peu praticables de Bidate, de Otzola, Gerostola, Loyondi, Laveaga et Arraizt, situés dans la chaîne sauvage qui sépare les eaux de l'Argui de celles de l'Ezcurra, et à la faveur de ce terrain coupé, inégal, et des bois qui le couvrent, elle exécutera aisément une contre-marche et regagnera son asile préféré, les Amezcoas.

Si les colonnes d'opérations sont habilement combinées, si leur chef connaît le pays et sait juger l'espèce de guerre qui doit être faite, jamais les bandes n'approcheront de la frontière ni ne passeront l'Arga pour marcher dans la direction de l'Irati, parce que dans cette zone elles seraient facilement détruites.

Pour qu'il leur soit possible d'exécuter les courses dont nous venons de parler, elles ne doivent pas en moyenne s'élever à plus d'un millier d'hommes : elles n'y parviendraient point si elles allaient jusqu'à quatre à cinq mille. Une bande de cinq cents à mille hommes, bien dirigée, peut difficilement être atteinte par une colonne qui la poursuit : elle fait des marches de huit à dix lieues, suit des chemins, traverse des ports, franchit des montagnes absolument impraticables pour un adversaire qui traîne avec lui de l'artillerie, des bagages, et qui a de la cavalerie. Par ses longues marches et ses contre-marches rapides, elle fatigue son ennemi, le déroute, et finit par se dérober à la poursuite la mieux calculée. Pour un pareil genre de guerre, il faut employer plusieurs colonnes; les unes seront chargées de la poursuite, les autres resteront en position sur des points déterminés et choisis d'après la configuration du terrain que parcourt chaque groupe de partisans.

Si la bande est forte de quatre à cinq mille hommes, il se produit dans sa marche un allongement considérable : il ne lui est plus possible de s'écouler aussi rapidement, ni de se loger ou de se ravitailler dans un village, et moins encore de passer par certains chemins, par des ports étroits où, ne pouvant filer qu'homme par homme, la colonne s'allonge tellement qu'elle donne à la troupe qui la poursuit le temps de la joindre et de la détruire.

Tout guerrillero a une zone fixe et limitée dans laquelle il opère toujours, ordinairement celle où il est né et où il a vécu ; c'est là qu'habitent ses parents et ses amis ; chez tous, il trouve une protection décidée et un asile sûr en cas d'insuccès. Sur ce terrain qu'il connaît parfaitement, il se considère comme chez lui, et il n'y est jamais, ou du moins très-difficilement atteint et défait. Il faut absolument le faire sortir de la zone qu'il a choisie, l'attendre dans la contre-marche qu'il fera nécessairement pour y revenir, et c'est ainsi seulement qu'il sera possible de le battre. Si dans la guerre régulière les communications sont la partie essentielle et vulnérable d'une armée, les contre-marches sont le salut du guerrillero.

Lorsqu'il traverse des passages difficiles où quelques hommes résolus peuvent arrêter des bataillons entiers, il y laisse, s'il est trop vivement poussé, une faible troupe pour les défendre et résister assez pour lui donner le temps de faire filer le gros de la bande. En procédant ainsi, il y gagne de pouvoir s'échapper, et de plus, dans ces incidents qu'on désigne sous le nom de combats d'arrière-garde, mais qui ne sont en réalité que des ruses de guerrillero, il habitue peu à peu tout son monde au feu. Aucun commandant de colonne ne doit répondre à ces tireries; il doit les proscrire absolument dans sa troupe, car elles ne causent à l'adversaire que des pertes insignifiantes, et lorsqu'après des efforts inouïs et beaucoup de sang répandu, on parvient enfin à enlever la position, ses défenseurs, habitués au terrain, disparaissent comme par enchantement. Il en résulte que le soldat finit par se décourager en voyant l'impossibilité de lutter contre un ennemi invisible, qu'il n'arrive jamais à blesser ni à prendre. La tâche de le déloger de pareilles positions est réservée à l'artillerie ; quelques obus qui jettent l'épouvante et la terreur parmi des troupes inexpérimentées, suffisent pour leur faire abandonner le point qu'elles occupent, affectent leur moral et raniment ainsi celui du soldat, qui voit toujours son ennemi lâcher pied à sa seule approche.

Les cours d'eau de la Navarre (et cette particularité caractérise aussi ceux des provinces basques) sont guéables depuis le mois de juillet jusqu'en octobre ou novembre ; mais les ponts doivent être soigneusement conservés et fortifiés pour y faire passer les troupes de préférence aux gués, où l'opération ne présente pas, il est vrai, de sérieuses difficultés en raison du faible volume des eaux, mais ne laisse pas que d'occasionner cependant des lenteurs et des pertes de matériel. D'une manière générale, en ce qui concerne les ponts aussi bien que certains ports ou passages des chaînes, on doit retrancher tous ceux qui pourraient donner accès aux colonnes ou qui paraîtraient utiles pour l'exécution du plan de campagne et le genre de poursuite que l'on veut adopter, en se bornant à détruire seulement ceux qui sont impraticables pour les troupes avec leur matériel de guerre ou qui pourraient servir exclusivement à l'ennemi.

Les indigènes d'une province vont rarement, avons-nous dit, faire la guerre dans une autre. Si les Navarrais sortent de chez eux, ce ne sera que momentanément et pour une opération déterminée; on peut être sûr que la bande reviendra très-promptement dans la zone où elle exécute habituellement ses courses. Partant de ce principe vrai, nous supposerons qu'un parti navarrais se trouve dans la vallée de las Amezcoas. Quelque activement poursuivi qu'il soit, et à moins d'avoir huit ou neuf colonnes pour l'envelopper, il ne faut jamais se faire illusion au point de croire qu'il ne pourra pas s'échapper et sera dans la nécessité absolue d'accepter le combat dans des conditions défavorables pour lui. Il sortira toujours de ces vallées quand il lui plaira, évitera la rencontre des troupes et se dérobera lorsqu'il le voudra, mais toujours pour continuer ses courses dans la province, théâtre accoutumé de ses incursions, sans jamais le transporter dans l'Alava ni dans le Guipuzcoa, où il sait qu'il peut être battu. Il ira dans la Burunda, dans la Barranca, et dans les vallées de Ollo et de Goñi.

Pour exécuter les opérations dans des circonstances semblables, il est nécessaire que les colonnes soient de deux espèces : de position et de poursuite, ou mobiles. Les premières doivent être dans des conditions d'effectif convenables pour attaquer l'ennemi avec avantage, toutes les fois que l'occasion s'en présentera; mais comme cette hypothèse n'est rien moins que probable, et dans tous les cas ne donnerait aucun résultat décisif, les colonnes mobiles devront combiner leurs mouvements de telle sorte que pendant le court espace de temps que l'une met à entrer en action, l'autre puisse arriver à propos pour l'appuyer, attaquer l'ennemi sur son flanc ou à revers, et achever de le mettre en déroute.

Lorsque les guerrilleros occupent des lignes inabordables et d'une nature spéciale que le chef de toute colonne doit connaître, celles par exemple qui présentent leur front à la direction suivie par l'assaillant, il ne faut jamais faire parade d'une bravoure téméraire et inconsidérée, et accepter le combat sur un terrain choisi par l'ennemi. La prudence conseille d'attirer son attention par une démonstration, sans s'obstiner à attaquer directement des positions inexpugnables, et de chercher à le prendre en flanc ou d'attendre que cette condition soit réalisée par une des colonnes qui doivent être à proximité. Si, par une vigoureuse attaque de front, on parvenait avec beaucoup de peine et des pertes sensibles à enlever une position de ce genre, les défenseurs se disperseraient, chacun d'eux se dérobant par des sentiers et des précipices que, seuls, ils connaissent, et tous se réuniraient quelques heures après sur un autre point. Au moment où le soldat se croirait victorieux, il n'aurait plus un ennemi devant lui, et resterait épuisé de fatigue et démoralisé en voyant ses adversaires s'évanouir comme des ombres avant qu'il ait pu venger sur eux la mort de ses camarades frappés dans le combat.

La bande qui se trouve, avons-nous dit, dans les Amezcoas et qui est trop vivement pressée pour s'y maintenir, gravit la sierra de Urbasa par les ports abruptes et couverts de forêts de pins de Eulate ou de Zudaire : c'est là qu'elle pourra essayer d'attendre son ennemi, à cause des avantages que lui offre cette position, à moins qu'elle n'ait été attaquée auparavant; mais elle ne peut plus revenir dans l'Amezcoa. Elle pourra tomber dans la Burunda en prenant le port de Olagutia, très-praticable: de Iturmendi, difficile; de Bacaicoa très-praticable; de Lizarraga, par lequel passe la route carrossable qui relie la Burunda à Estella en traversant les sierras de Urbasa et de Andia à leur jonction, et, enfin, les ports presque impraticables de Unanua, Irañeta et Erroz. Comme la bande ne saurait rester longtemps dans la sierra, où elle ne trouverait pas de vivres, il serait avantageux, pour l'empêcher de descendre à la Burunda, de garder et de fortifier les ports de Olazagutia, Lizarraga et Unanua, afin de les conserver pour le passage des troupes et d'en interdire l'accès à l'ennemi; il faudrait en même temps détruire tous les autres, qui sont impraticables pour notre infanterie et notre cavalerie.

Si, voulant quitter la sierra où elle ne peut séjourner, la bande trouve interceptés les ports qui descendent à la Burunda, elle se voit forcée de gagner la vallée de Goñi ou de celle Ollo. Pour y arriver, elle peut suivre deux chemins; celui qui se dirige le long du bord méridional des sierras de Urbasa et de Andia, par las Bordas de Urra, Lezaun et Iturgoyen, ou bien celui qui les franchit aux ventas de Urbasa et de Zumbelz. Dans cette hypothèse, si une colonne de position, établie à Azcona, prend le premier, elle pourra rencontrer le parti ennemi à Lezaun et l'arrêter jusqu'à l'arrivée d'une des colonnes mobiles; elle peut aussi suivre la route de Salinas de Oro et parvenir à lui couper le passage à Iturgoyen ou à Muniain. Si la bande choisit le chemin intérieur des sierras, il lui faudra faire une traite de vingt-cinq kilomètres sans trouver un seul centre de population où elle puisse se ravitailler, et pas d'autres habitations que les deux ventas sans ressources que nous venons d'indiquer; elle devra donc nécessairement pousser jusqu'au point où ces ressources existent en abondance, c'est-à-dire jusqu'à l'une des vallées de Goñi ou de Ollo, d'où il faut à tout prix l'écarter sans lui laisser un moment de répit.

Elle pourrait également sortir des Amezcoas par la vallée de Allin, bien qu'il soit facile de l'en empêcher en établissant une colonne de position à Galdeano ou à Chavarri. Abarzuza est la clef des Amezcoas; si, au début de son mouvement, la bande s'engage dans cette direction, on peut s'opposer à sa contre-marche en la forçant à entrer dans la vallée de Allin pour revenir à son point de départ en montant à la sierra de Santiago de Loquiz par le port de Ollogoyen, ou en se portant sur la vallée de Lana par le port de Galvarra. Ce dernier passage doit lui être fermé par tous les moyens possibles; il faut la pousser vers la Berrueza, afin qu'il ne lui reste d'autre ressource que d'aller vers la Solana, où une troupe de cavalerie pourra l'anéantir.

On ne saurait se faire une idée de la hardiesse que déploie un guerrillero intelligent, protégé par le pays dans lequel il opère. Au commencement de 1873, la bande qui parcourait la zone que nous occupions était commandée par Ollo, qui réunissait en lui des qualités si exceptionnelles qu'il paraissait tout particulièrement propre à ce genre de guerre. Il était vivement poursuivi dans les Amezcoas par deux colonnes; celle de position, établie à Abarzuza, occupant en outre Chavarri, et l'autre de passage, à Caldeano. La nuit même où ces colonnes occupèrent ces points, il défila à dix pas d'elles, entre les deux villages, sans qu'aucune en eût le moindre soupçon : les habitants le savaient parfaitement, mais tous lui gardèrent religieusement le secret, plusieurs lui servirent même d'espions et de sentinelles pour l'avertir des mouvements qui auraient pu se faire de notre côté. Galdeano et Chavarri sont situés sur les deux rives de l'Urrederra et distants, en ligne droite, d'un peu plus d'un kilomètre seulement; mais pour aller de l'un à l'autre, quand la rivière n'est pas guéable, il faut parcourir un long circuit pour trouver le pont de Artabia.

Par ce fait et mille autres que nous pourrions citer, on peut concevoir l'étendue et le nombre des difficultés auxquelles on se heurte pour conduire une pareille guerre, et la prise que peut donner aux critiques des gens qui ne la connaissent pas, le résultat souvent bien peu important qu'on en retire.

Il faut marcher avec de grandes précautions par certains chemins de cette zone; aucune colonne ne suivra ceux des peñas de Artabia et de San-Fausto, à moins qu'une autre ne les occupe tout d'abord et n'y reste établie pendant tout le temps nécessaire au passage. Comme ces deux défilés ne peuvent être protégés par des feux de flanc, les troupes détachées doivent en garder les bords et restent alors sans communications avec celles qui sont engagées dans ces gorges profondes. Pour éviter le défilé de Artabia, on choisira l'un des deux chemins suivants : celui des hauteurs de Galdeano ou celui de las Bordas de Urra, et pour éviter la gorge de San-Fausto, on prendra le chemin de Eraul ou celui de Zubielqui. Dans le cas où l'on adopterait le chemin de Eraul, le gros de la troupe ne devra sortir de Chavarri et pénétrer dans le port que lorsque l'avant-garde se sera rendue maîtresse des hauteurs et des rochers situés sur la gauche, et que les tirailleurs auront fouillé le bois qui se trouve de l'autre côté du port jusqu'aux maisons de Mangilibarri. Il n'est pas nécessaire d'occuper les rochers situés sur la droite, puisqu'ils se terminent par un escarpement vertical.

Si, d'une façon ou d'une autre, la bande est parvenue à gagner la vallée de Goñi, on ne doit lui laisser aucun moment de répit. Son but sera, selon toute probabilité, d'exécuter une contre-marche pour retourner dans les Amezcoas; si elle ne peut y parvenir, elle se dirigera vers l'Ulzama : on s'y opposera en la forçant à se porter sur le Carrascal. La contre-marche sera, dans ce cas, empêchée par les colonnes mobiles et par une colonne de position qui s'établira dans la vallée de Echaurri, et l'entrée de l'Ulzama lui sera interdite par la colonne qui, de Irurzun, centre de ses opérations; observe la Barranca et a pris ses dispositions pour arriver à temps au Larraun afin d'en défendre le passage. Nous supposons qu'on a fortifié, comme il doit l'être, le pont de Anoz, point indiqué pour toute troupe qui, de la vallée de Ollo, se porte vers la Barranca ou l'Ulzama. Si les colonnes ont été convenablement combinées pour contrarier la contre-marche des bandes, elles alterneront entre elles et se relèveront de telle sorte que celles de position deviennent mobiles à leur tour et réciproquement. Ce système, que nous recommandons de la manière la plus expresse, permet de donner un peu de relâche à des troupes fatiguées, et de rendre la poursuite active, incessante, capable par conséquent d'avoir raison de l'ennemi le plus habile et le meilleur marcheur. Lorsque celui-ci, arrivé dans un village, commence à réunir ses approvisionnements, se prépare à les distribuer et à goûter un peu de repos, une colonne mobile survient tout à coup, s'en empare et l'empêche de s'arrêter un seul moment. Avec pareil système, s'il est impossible de le battre et de le détruire, on parviendra sûrement à l'abattre par la fatigue, à ruiner son moral, à le disperser et à terminer ainsi la campagne.

Dans le cas où, malgré toutes ces précautions, la bande réussirait à passer le Larraun ou l'Arga et à entrer dans la Barranca, les colonnes s'y dirigeront par le pont de Anoz et lui ôteront toute possibilité de faire halte dans cette vallée; elle cherchera alors à gagner les passages de las dos Hermanas, le port de San-Miguel ou celui de Gulina, pour se porter vers l'Ulzama ou les Basaburuas. C'est là, en effet, qu'elle trouvera des ressources dans le bétail que ces vallées produisent en abondance; mais les chemins y sont bas et fangeux, particulièrement dans l'Ulzama; l'ennemi ne pourra y séjourner longtemps, il essaiera une contre-marche, et, s'il échoue dans cette tentative, il poussera jusqu'aux monts de Goizueta, région excessivement rude et accidentée, où des bois épais lui donneront un moyen assuré de l'exécuter en se portant sur la vallée de Esteribar. Si, à ce moment, il n'existe pas à Pampelune de troupes qui puissent marcher à sa rencontre, il se glissera par la vallée de l'Erro dans celle de

Urroz, pour revenir dans la vallée de Goñi et recommencer ses courses dans les Amezcoas.

S'il se trouve une colonne de cavalerie dans le Carrascal, elle suivra le mouvement des autres colonnes lorsque l'ennemi pénétrera dans l'Ulzama; elle s'établira dans le Carrascal, à l'abri duquel elle atteindra la bande que les colonnes mobiles auraient obligée à revenir sur ses pas et à longer la rive gauche de l'Arga, et pourra dans ces conditions la battre complétement sur un terrain qui permet l'action des trois armes. Les colonnes ont toute facilité pour traverser promptement ce cours d'eau par les ponts de Belazcoain et d'Ibero, qui devront être fortifiés, et pour passer de la vallée de Echaurri dans celle de Carrascal.

Des bandes carlistes nombreuses pénétreront rarement dans les vallées des frontières, où elles ne sauraient se mouvoir aisément, et encore moins exécuter des marches et des contre-marches rapides. Des Pyrénées occidentales se détachent des contre-forts élevés et sauvages; ils forment la ligne de partage des eaux qui descendent de cette chaîne et qui, à leur origine, coulant dans une direction générale à peu près perpendiculaire à la crête, prennent ensuite des directions divergentes pour se jeter dans l'Èbre. Si l'on opère dans cette zone, depuis le fond des vallées jusqu'aux lignes de faîte, en prenant comme base celle de l'Irati, l'ennemi est forcé de s'avancer parallèlement à la frontière, inconvénient grave pour lui, puisqu'il ne peut la franchir et que la retraite lui est ainsi fermée si on vient à l'atteindre. Sa marche à travers les lignes de faîte est pénible et périlleuse; les ports qui y existent sont pour lui des passages absolument nécessaires, et s'ils sont occupés d'avance par son adversaire, il lui sera très-difficile de les forcer. Pour sortir de ces vallées, il lui faut traverser l'Irati, qui n'est pas toujours guéable, ou bien descendre jusqu'à Burguete ou Roncevaux, sans qu'il lui ait été possible de revenir sur ses pas. Près des Aldudes, il court un danger nouveau, c'est que des troupes sortent de Pampelune, s'emparent malgré leur faible effectif de l'unique chemin qui lui reste, celui de Espinal et de Vizcarret au carrefour de Cilbeti, l'arrêtent dans sa marche et donnent aux colonnes mobiles le temps d'arriver, de le battre et de le refouler en dernier lieu vers l'entrée des Aldudes, pour le contraindre à se réfugier en France.

Au centre de la province de Alava se trouve une plaine très-étendue qui permet, comme nous l'avons dit, l'emploi des trois armes; cette particularité la rend peu favorable à la guerre irrégulière, qui a besoin d'un terrain très-accidenté. Bien qu'elle soit traversée dans sa partie inférieure par la chaîne Cantabrique, une guerre de cette nature ne saurait s'y localiser; ces montagnes peuvent seulement, ce qui s'est produit, du reste, protéger la marche des bandes qui passent de la Navarre dans la Biscaye. Le massif de la chaîne occupe un espace assez étroit, limité par l'Èbre; dans le comté de Treviño, il ne s'en détache aucun contre-fort considérable; le terrain y est très-coupé, mais si restreint, qu'il ne peut servir de refuge qu'à des partis sans importance.

Les habitants de l'Alava sont en général peu disposés à former des guerrillas et prennent difficilement les armes; cependant, lorsqu'ils s'y sont résolus, ils font preuve de qualités bien supérieures à celles des indigènes des autres provinces. Ils sont sobres, patients, disciplinés, aussi résistants et fermes dans la défense qu'impétueux dans l'attaque.

Salvatierra est un point de la plaine qui présente une grande importance militaire. C'est là que débouchent les différentes routes très-difficiles, il est vrai, qui, à travers la chaîne Pyrénaïque, font communiquer cette province avec le Guipuzcoa par les ports de Elguea, de Narbaja et de San-Adrian. Cette dernière voie présente cette particularité qu'elle franchit la crête de la chaîne sous un tunnel naturel de quarante mètres de longueur.

Les bandes qui se forment dans la partie orientale de la province peuvent opérer depuis la chaîne Cantabrique par les sierras de Izquiz et de Contrasta, jusqu'à celles de Elguea et de San-Adrian. Il en résulte que San-Vicente de Arana constitue un autre point stratégique, parce qu'il permet d'intercepter les communications avec la Navarre par le Guipuzcoa. Il faut, dans cette province, deux colonnes de cavalerie; l'une dont le centre d'opérations sera à Vitoria pour agir dans la plaine, et l'autre à Logroño pour parcourir la Rioja Alavaise.

Supposons qu'une bande de quelque importance, se trouvant dans les Amezcoas, ne puisse exécuter une contre-marche et soit obligée de passer dans l'Alava, elle sera évidemment dans la nécessité de faire ce mouvement par Contrasta et San-Vicente de Arana sans descendre dans la plaine, puisque la colonne de cavalerie s'y tiendra prête à fondre sur elle. Elle sera forcée de suivre la route de Marquinez par Sabando et Cicujano, de descendre sur la gauche, à Bernedo, et de tomber par Lagran dans la partie supérieure de la vallée de l'Ega. En effet, si elle incline vers la droite, du côté du comté de Treviño, elle court aussi le danger de rencontrer la cavalerie, qui doit suivre sa marche en se tenant sur son flanc et qui traversera rapidement les montagnes de Vitoria par la route de Peñacerrada. Elle ne peut davantage prendre la direction de la Rioja Alavaise. C'est, d'ailleurs, une éventualité qu'il faut empêcher avec le plus grand soin, car le pays est riche et lui offrirait des ressources abondantes. La colonne de Logroño arrivera donc promptement; il en sera de même d'une autre colonne de position qui couvre les ports de Aguilar, de la Poblacion, de Villafria et du Toro dans la chaîne Cantabrique. Ces ports ne possèdent que des chemins difficiles, à l'exception du port de Herrera, par lequel passe la route de Vitoria à Logroño. La bande se trouvera ainsi enveloppée par les colonnes de la Rioja et du comté de Treviño, et si, en même temps, elle est vivement attaquée par les colonnes mobiles, qui ne doivent point l'abandonner, elle sera forcée de continuer son chemin par Peñacerrada, en profitant, pour faire son mouvement, de la protection qu'elle rencontre toujours dans l'âpreté de la chaîne Cantabrique.

Le général qui dirige la poursuite peut, dans cette circonstance, se proposer deux plans : ou bien de la battre dans l'Alava, ou bien de la contraindre à passer en Biscaye. Dans le premier cas, une colonne sortant de Vitoria ira occuper Armiñon, sur la route de Castille; elle aura pour objectif de garder les ponts du Zadorra qui, dans cette région, n'offre pas de gués commodes. L'une des colonnes mobiles devra constamment se tenir sur les traces de la bande, pendant que deux autres marcheront sur les flancs et un peu en arrière. Cette disposition, indispensable dans toutes les provinces et quelle que soit la situation, a pour but de s'opposer à une contre-marche et de donner le moyen d'arriver le plus rapidement possible au secours de la colonne engagée, dès que la fusillade se fait entendre ou qu'on reçoit le moindre avis.

Si la bande, trouvant le pont de Armiñon occupé, se dirige vers la droite pour prendre celui de Villodas ou les Trois-Ponts et gagner la sierra de Badaya, la colonne de Armiñon, marchant par le flanc, remonte le Zadorra et s'établit à Villodas; si, renonçant à passer en Biscaye, le parti ennemi veut se jeter dans le Guipuzcoa, en traversant le comté de Treviño, il vient dans la plaine de l'Alava se heurter contre la cavalerie; s'il essaie d'exécuter une contre-marche pour retourner en Navarre, une des colonnes mobiles qui, comme nous l'avons dit, marchent un peu en arrière, se portera rapidement à sa rencontre. Il suffira que la force des colonnes soit un peu supérieure à la moitié de celle qui compose la guerrilla; mais il est indispensable d'avoir une section de cavalerie légère et une section d'artillerie de montagne, car ces deux armes produisent un grand effet moral sur des gens étrangers au métier militaire et dont l'organisation est tout à fait incomplète.

La topographie des provinces du Guipuzcoa et de la Biscaye, situées toutes deux sur le versant septentrional, diffère essentiellement de celle de la Navarre et de l'Alava, qui se trouvent sur le versant oriental. Cette diversité dans la configuration de ces régions entraîne nécessairement des différences correspondantes dans le système de guerre et dans le plan des opérations, qui, étant données les propriétés balistiques des armes à feu, doivent évidemment se baser sur la forme du terrain.

Dans le versant septentrional, les eaux qui descendent de la Pyrénaïque suivent une direction perpendiculaire à celle de la crête et vont se jeter, après un cours rapide et torrentueux, dans la mer Cantabrique. Comme la partie qui forme le versant septentrional a peu d'étendue, ces rivières offrent un faible développement, le volume de leurs eaux est peu considérable, et elles sont guéables dans tout leur parcours; mais, pendant l'hiver, la grande quantité de neige qui tombe sur les montagnes les grossit au point de rendre ces gués impraticables à l'époque du dégel. Ce versant est très-peuplé : les habitations sont groupées dans les vallées de manière à constituer des localités importantes; il existe, en outre, sur les flancs des montagnes et jusque sur leur faîte, des groupes de maisons qui présentent un aspect très-pittoresque; enfin, les centres de population offrent des ressources de toute nature et tous les genres d'industrie y sont suffisamment développés.

Le Guipuzcoa est, sans contredit, la plus avancée des quatre provinces; il possède des filatures, des fabriques de drap, de papier, d'armes, etc. On y confectionne aussi une énorme quantité d'alpargatas (1), qui s'exportent en Amérique. Ses établissements d'eaux minérales et ses bains de mer sont chaque année envahis, pendant l'été, par une multitude de personnes qui viennent y chercher des distractions ou des remèdes à leurs maux, et qui y laissent des sommes considérables.

Les Guipuzcoans sont soumis à l'autorité, forts, robustes, et possèdent les qualités qui constituent le bon soldat, mais on peut leur reprocher d'être cruels après le combat. Au commencement de la guerre de 1872, cette province et l'Alava prirent la part la moins active à l'insurrection.

Dans la guerre irrégulière, les opérations doivent être conduites du fond des vallées aux lignes de faîte, en se proposant comme objectif

(1) Sorte de chaussure en chanvre tressé.

de priver l'ennemi des moyens de ravitaillement qu'il rencontrerait dans les premières. Ne pouvant les rechercher dans les parties élevées, il est bien forcé de descendre pour se les procurer; c'est alors qu'il faut essayer de l'anéantir; avec de l'adresse, on peut assurément en trouver l'occasion.

Si une bande, partant des monts de Goizueta, pénètre dans la province pour y fomenter l'insurrection, elle marchera par les montagnes de Oyarzun dans la direction de Segura et de Cegama, par le flanc septentrional de la Pyrénaïque, ou bien elle traversera la ligne de l'Orio au-dessous de Tolosa et gagnera les montagnes sauvages de Hernio et la vallée de l'Urola. Ces deux directions sont les seules qu'elle puisse prendre, et ces deux zones, les seules dans lesquelles elles puisse exécuter ses incursions. Si elle marche sur le flanc de la Pyrénaïque, elle est obligée de régler ses opérations sur celles des colonnes qui la poursuivent. L'une d'elles suit en Navarre tous ses mouvements, afin de lui interdire l'entrée de cette province en défendant tous les passages de la chaîne. De Irurzun, on peut atteindre ce résultat pour les ports de Azpiroz et de Leiza; de Huarte-

Araquil, on barre celui de San-Miguel de Ecelsis ; de Echarri-Aranaz, celui de Berranoa ; et enfin, de Alsasua, ceux de Echegarate, d'Otzaurte et de San-Adrian. Une autre colonne doit marcher par la vallée de l'Orio, parallèlement à la ligne suivie par la bande ennemie et un peu en arrière, principalement pour l'empêcher d'y descendre. Une troisième colonne de position s'établira à Oñate pour couvrir la vallée supérieure de l'Urola ; une autre enfin s'attachera aux pas de l'adversaire et le poursuivra sans relâche.

Si la bande essaie de se porter vers la Navarre, la colonne de la Burunda lui barrera le passage ; si elle veut descendre sur l'Orio, la colonne qui occupe la vallée s'y opposera. Aux prises avec de pareilles difficultés, pourchassée sans pouvoir ni s'arrêter ni revenir sur ses pas, renfermée dans l'espace restreint que lui laisse la chaîne, sans moyen de se ravitailler, elle devra nécessairement, pour les trouver, se porter sur Segura et Cegama. C'est un expédient qu'il faudra absolument lui interdire, parce que ces localités offrent une certaine importance et qu'elle pourrait, en les occupant, s'y refaire de ses fatigues.

Pour y arriver, la colonne de l'Orio peut,

toutes les fois que l'ennemi s'éloignera de la vallée confiée à sa garde, remplacer celle qui le poursuit ou l'une d'elles, s'il y en a plusieurs. Elle s'établira de manière à couvrir ces villes; les autres auront pour objectif de forcer l'adversaire à monter jusqu'à la crête par les monts de Aiztgorri et à se porter sur les habitations de Araoz, unique refuge où il puisse éviter la colonne de Oñate, qui a dû faire un mouvement en avant pour couvrir Cegama au moment où il prononcera sa marche sur Araoz. Cette dernière colonne exécutera une contre-marche rapide vers la vallée de Deba et s'établira à Ezcoriaza ou Arachevaleta, après avoir été remplacée par une autre à Oñate.

Épuisée par les longues marches qu'elle a été obligée de faire pour gagner les habitations dont nous avons parlé et qui ne présentent aucune ressource, sur un terrain rude et accidenté, par des chemins presque impraticables, sans trouver une localité pour s'y ravitailler, la bande se dissoudra et se dispersera probablement. Dans le cas contraire, elle ne pourra faire autrement que de suivre le flanc de l'Arlaban et de pénétrer en Biscaye : on satisfera ainsi à la condition proposée, qui consiste à rejeter les partis hors de leur province, dans laquelle on ne saurait ni les atteindre ni les battre.

Au mois de janvier 1873, le chef de partisans Ollo, que nous citerons toujours dans ce genre de guerre comme un modèle et comme un maître dans l'art de se dérober à nos poursuites, passa en Guipuzcoa avec sa bande, qui comptait 1500 hommes environ. Poursuivi vivement par deux colonnes, forcé d'abandonner la vallée du Deba et ne pouvant prendre celle de l'Orio, dont les troupes établies à Zumárraga lui défendaient l'accès, il se dirigea vers les fermes d'Araoz. Une des colonnes mobiles vint se placer à Ezcoriaza pour s'opposer à la contre-marche; celle de Zumárraga lui barrait le passage à Idiazabal dans le cas où il voudrait suivre le chemin de Segura. N'osant traverser toute la plaine de Alava à cause de la cavalerie qui était à Vitoria et qu'on avait déjà prévenue, ne pouvant pas non plus courir vers San-Adrian parce qu'une autre colonne postée à Salvatierra lui barrait l'entrée de la Burunda, il quitta le soir les fermes qu'il occupait, franchit la chaîne par le port de Aranzazu, que les pluies avaient changé en torrent, traversa pendant la nuit la plaine dans les environs de Alegria, arriva au point du jour à Onraitia au pied des ports de Contrasta, et se jeta dans les Amezcoas, après avoir fait une marche de plus de trente-cinq kilomètres par des chemins affreux.

Des montagnes de Goizueta, que nous avons considérées comme point de départ de la bande, celle-ci peut traverser l'Orio et se diriger sur la droite vers la partie septentrionale du Guipuzcoa. Si elle marche de préférence vers les ramifications des monts Hernio, qui sont les plus sauvages et les plus accidentés, on devra couvrir rapidement la vallée de l'Urola avec une colonne qu'on établira à Azpeitia : on en placera une autre à Alquiza ou à Asteazu; on s'opposera ainsi à une incursion du côté de Saint-Sébastien et à une contre-marche que la bande ferait vers Oyarzun pour revenir à son point de départ avec le butin qu'elle aurait recueilli. Dans ces conditions et en supposant que la côte sur laquelle s'élèvent des localités importantes est à peu près découverte, un guerrillero expérimenté ne s'en approchera jamais, car il courrait le risque, s'il était poursuivi, de se voir acculé à la mer et battu sans aucune chance de s'échapper; or les guerrilleros n'exécutent jamais leurs courses dans une région où ils ne possèdent pas une ou plusieurs lignes de retraite assurées. Avec la disposition des colonnes indiquée plus haut, la marche de la bande se fera nécessairement vers Urrestilla par Beizama. Dans cette hypothèse, pendant qu'une des colonnes mobiles descendra dans la vallée de l'Urola, la colonne établie à Azpeitia ira rapidement occuper les monts de Elosua, position importante qui couvre la partie supérieure de la ligne de l'Urola et la partie inférieure de celle du Deba. La possession de cette dernière lui permet de tomber sur l'ennemi, quelle que soit la direction qu'il a prise. Par les montagnes dont nous avons parlé, il serait possible à celui-ci de traverser le Deba et de passer en Biscaye; mais s'il n'y réussit pas, il doit faire une contre-marche sur son flanc gauche, opération à laquelle s'opposeraient aisément les colonnes qui doivent se rencontrer dans les vallées de l'Orio, du Deba et de l'Urola. Si cependant l'ennemi parvient à effectuer cette manœuvre, les troupes se portent rapidement par la voie ferrée du Nord jusqu'à Ataun et y établissent une colonne. Cette localité est un point de passage tout indiqué pour battre en retraite par le flanc septentrional de la chaîne Pyrénaïque, et si la bande en est coupée, elle sera inévitablement battue et dispersée.

Quoiqu'elle soit située, comme le Guipuzcoa, sur le versant septentrional, la Biscaye présente des caractères topographiques tout à fait différents. La région comprise entre la chaîne secondaire qui se détache des monts de Oiz et la côte de l'Océan est médiocrement importante au point de vue militaire. Des bandes d'une force insignifiante peuvent seules y exécuter des opérations, et elles ne deviendront jamais assez considérables pour exercer quelque influence sur le sort d'une campagne. Il ne faudrait pas cependant les dédaigner, car leurs incursions tiennent le pays dans de continuelles alarmes. Un parti nombreux peut, à la vérité, occuper dans cette zone des localités qui lui fournissent d'abondantes ressources; mais comme les passages de la chaîne sont peu nombreux, bien déterminés et peu praticables, il serait gêné dans un espace aussi restreint et forcé d'accepter un combat dont l'issue lui serait certainement fatale, puisque toute retraite lui serait fermée. Le curé de Goiriena, guerrillero qui, en 1872, parcourait la partie septentrionale de la Biscaye, n'avait que trois cents hommes environ dans sa bande; cependant il se renfermait rarement dans cette zone quand il était poursuivi, n'approchait jamais de la côte et dépassait très-rarement la ligne des monts de Oiz.

Les hauteurs de San-Antonio de Urquiola, dans la chaîne Pyrénaïque, constituent une position importante dans toutes les guerres de ce pays; celui qui s'en rend maître se trouve dans des conditions excellentes pour descendre dans la plaine de l'Alava, dans la vallée de l'Ibaizabal, dans celles de Dima, d'Arratia, d'Orozco et dans le Guipuzcoa. Villareal de Alava, localité située au pied de ces hauteurs, est un point stratégique de premier ordre : il couvre non-seulement les positions de Urquiola, mais aussi celles de Amboto, de Gorbea et de Aramayona. C'est le lieu de passage obligé de toute troupe qui, de ce côté, se porte de la Biscaye dans l'une quelconque des trois provinces.

Une bande qui part du Guipuzcoa pour pénétrer dans la Biscaye sans suivre la côte ou qui vient de l'Alava ou de la Navarre, passe inévitablement par Villareal de Alava, point de croisement de trois routes et de tous les chemins praticables, et se dirige de cette ville vers la vallée de Arratia. Si elle y réussit, une colonne quitte Vitoria et va en six heures seulement, par la voie ferrée, occuper Areta, d'où elle couvre la vallée de Orozco et de Miravalles. Dans le cas où la destruction de cette voie ne permettrait pas la circulation des trains, elle se porterait à marches forcées vers la vallée de l'Orozco. Mañaria doit également être occupé par une autre colonne qui observera Durango et la petite vallée de Dima. La bande, poursuivie par les troupes qui sont chargées de ce soin, est chassée de la vallée de Arratia, et pendant ce temps, celles qui sont à Areta et à la Mañaria courent à sa rencontre si elle essaie de passer dans les vallées de Dima, d'Orozco et d'Ibaizabal.

Les chefs de colonne ne doivent point se laisser tromper par les ruses des guerrilleros. Lorsque ceux-ci, ne pouvant plus se maintenir dans la vallée de Arratia, feront un mouvement vers celle de Dima, si les colonnes prennent cette direction en laissant libre celle de l'Arratia, la bande ira jusqu'à Yurre, et par une contre-marche facile reviendra à Villaro, son point de départ. Elle pourra également feindre de se porter sur Durango et faire arriver des nouvelles fausses dans ce sens à la colonne de Mañaria, descendre ensuite sur la droite, et par une marche rapide vers Lemona, tomber à Zornosa, pénétrer dans la région de la côte, y recueillir des subsistances et continuer sa route sur le Guipuzcoa. Elle pourra encore faire une contre-marche dans la vallée de l'Ibaizabal, quoique cette dernière opération soit très-exposée à rencontrer de sérieux obstacles. Si elle se dirige vers la côte, elle ne fera qu'y passer, et comme la route qu'elle tient est parallèle à la chaîne centrale qui traverse la province, il en résultera pour elle la nécessité de franchir les contre-forts successifs qui s'en détachent : il est vrai qu'ils présentent peu d'étendue ; mais ils sont boisés, très-coupés, et les chemins y sont pour la plupart dans de très-mauvaises conditions de viabilité ; aussi est-il dangereux pour la bande d'y pénétrer si elle a quelque importance, car, obligée de marcher homme par homme, elle s'allonge considérablement. La prudence exige que nos troupes ne se hasardent pas davantage dans une pareille contrée, à l'exception toutefois d'une colonne mobile dont le chef ne doit s'avancer qu'avec la plus grande circonspection. L'ennemi parcourt dans cette manœuvre la corde d'un arc de cercle dont Durango est le centre : c'est de là que rayonnent les différentes routes qui conduisent à la côte; aussi les opérations peuvent-elles dans cette zone s'exécuter du centre à la circonférence. Le commandant des troupes ne se préoccupera point de ce que l'ennemi ait la possibilité de pénétrer dans des localités importantes où il trouvera des subsistances et des hommes pour augmenter la force de sa bande; nous croyons que c'est pour nous plutôt un avantage qu'un danger, puisque s'il a un grand nombre d'individus étrangers au métier des armes, sans discipline et sans instruction militaire, il nous sera bien plus facile de l'acculer à la mer et de le battre. On doit empêcher avant tout son passage dans le Guipuzcoa; pour y parvenir, une colonne s'établira à Elgoibar ou à Vergara, couvrant la vallée du Deba afin de le pousser dans celle du Nervion, à l'angle formé par cette rivière avec la côte à son embouchure. Aussitôt qu'elle y est arrivée, il n'y a plus d'issue pour elle ni par conséquent de retraite possible.

Si, de la vallée de Arratia, le groupe de partisans, au lieu de se diriger du côté de l'Océan, s'avance vers les vallées de l'Orozco et du Nervion par le chemin de Ceberio, il faut absolument prévenir la contre-marche à laquelle il aura recours pour revenir dans la vallée de Arratia ou dans la province de l'Alava, et le forcer à pénétrer dans la vallée de Gordejuela et dans les Encartaciones, région très-pauvre, très-accidentée, dans laquelle il ne saurait se maintenir bien longtemps. S'il ne réussit pas à faire la contre-marche qu'il a projetée ou à gagner la province de Santander, dans laquelle les Basques ne trouveraient d'ailleurs aucun appui, il pourrait se porter sur Somorrostro afin d'y recruter les ouvriers des mines de fer. Pour lui en défendre l'accès, une colonne occupera Baracaldo, une autre Sodupe, et les colonnes mobiles combineront leurs mouvements pour le pousser à la côte et l'y acculer.

La division du pays en zones militaires, plaçant chacune d'elles sous les ordres d'un chef qui commanderait les troupes destinées à y opérer d'une manière distincte, ne donnera aucun résultat satisfaisant, à moins que les bandes ne soient très-nombreuses et d'un effectif très-restreint; dans tous les autres cas, le soin de diriger l'ensemble des opérations doit être confié à un chef unique.

Dans tout ce qui précède nous n'avons envisagé qu'un seul groupe de partisans, et nous avons indiqué de quelle manière il fallait agir contre lui, abstraction faite des autres. Nous recommandons d'une manière toute particulière au chef supérieur qui recevra le commandement des forces chargées de pratiquer une pareille guerre, de ne jamais chercher à faire face de tous les côtés à la fois; il n'en retirerait aucun avantage. Le parti le plus sage consistera à rechercher quelle est la bande la plus considérable ou celle qui possède à sa tête le guerrillero le plus intelligent et le plus renommé; il réunira alors le plus grand nombre possible de colonnes, mènera vivement les opérations, poursuivra l'ennemi sans trêve jusqu'à ce qu'il soit parvenu à l'anéantir; il procédera de la même façon avec un autre groupe, et ainsi de suite, battant et dispersant chacun d'eux, l'un après l'autre, sans difficulté. Si ses premiers succès lui font une réputation, il arrivera bien vite à pacifier le pays; mais il ne doit pas oublier que la politique peut être un très-utile auxiliaire pour les opérations militaires, à la condition qu'elle ne se bornera pas à l'application rigoureuse et exclusive d'un système, mais qu'elle saura allier, dans une juste mesure, la sévérité à la clémence.

Dans la guerre de Sept ans, Zumalacarrégui dut plus d'une fois son salut à ce qu'il se séparait momentanément de don Carlos. Celui-ci, accompagné seulement de quelques hommes choisis, attirait sur lui l'attention des troupes et, en trompant l'adversaire, donnait à son partisan le temps de faire reposer les siennes.

Si l'on dispose de forces suffisantes, on entreprend simultanément les opérations dans les quatre provinces, mais en se conformant toujours aux prescriptions que nous avons énoncées.

# CHAPITRE IV.

### GUERRE RÉGULIÈRE. — THÉORIE.

Lorsque les guerrillas se réunissent, qu'elles reçoivent une organisation et une instruction militaire, un armement et un équipement, on doit les considérer comme constituant une armée, et la lutte engagée avec elles prend le caractère de guerre régulière.

Les transformations et les perfectionnements apportés dans les armes à feu ont changé profondément les conditions du combat et introduit des modifications radicales dans quelques règles fondamentales de la théorie de la guerre. Jusqu'en ces derniers temps, on reconnaissait en stratégie un principe essentiel qui est celui-ci : pour obtenir un succès complet, pour arriver à détruire l'ennemi en une ou deux batailles et résoudre ainsi le problème de la guerre, il faut adopter le système de l'offensive stratégique et tactique. Les nouvelles armes à feu ont modifié ce principe à ce point que, pour réaliser actuellement les mêmes résultats, il faut employer l'offensive stratégique et la défensive tactique. On admet aujourd'hui comme une vérité indiscutable que tout général, quel qu'il soit, sera inévitablement battu s'il prend l'offensive tactique contre un ennemi intelligent et connaissant la puissance énorme que les armes de précision, à longue portée et à tir rapide, donnent à la défensive. Il va de soi que, dans ce cas, la défensive ne doit pas être employée exclusivement : si, après quelques attaques, ou, comme on le disait autrefois, quelques charges à la baïonnette dans lesquelles l'ennemi qui les exécute a éprouvé des pertes sérieuses, lorsque le moral de ses troupes en est ébranlé, on passe rapidement à l'offensive, le succès sera presque toujours certain.

Les armes à feu actuelles ont donné à la défensive tactique une puissance qui lui faisait défaut, et la fortification de campagne l'a acquise dans la même proportion. Elles ne peuvent aujourd'hui aller l'une sans l'autre, et toute position, par cela même qu'elle est occupée, doit être retranchée pour en rendre l'accès plus difficile à l'ennemi, le maintenir le plus longtemps possible sous l'action meurtrière des feux de ses défenseurs et mettre ceux-ci à l'abri des siens.

Ce principe a été constamment appliqué par les carlistes du nord; ils en avaient multiplié l'emploi jusqu'à fortifier toutes les positions qui couvrent les points par lesquels on peut entrer dans le pays et qui en protégent les vallées. Les résultats de ce système ont été aussi avantageux pour eux que désastreux pour nous. Considérant comme une nécessité de rester sur la défensive, ils ont reconnu l'importance de la fortification, et en ont si bien perfectionné l'usage, qu'ils sont parvenus à annihiler les effets de l'artillerie et à rendre l'attaque de front extrêmement périlleuse pour leurs adversaires. S'ils n'ont jamais obtenu un succès éclatant, c'est uniquement parce qu'ils sont toujours restés sur la défensive, sans jamais passer à l'offensive dès que le moment favorable s'en présentait.

La guerre de montagne n'est pas celle qui a subi les moindres changements par suite des perfectionnements apportés dans les armes à feu. Il n'y a point de règle fixe qui puisse être posée sur ce point important de savoir si l'on doit opérer des vallées aux lignes de faîte ou inversement. En général, il était admis autrefois que, pour être maître des lignes de partage, il fallait occuper les vallées, car c'est là que se trouvent les grands centres de population et toutes les ressources du territoire. Aujourd'hui, la règle qui s'impose pour toutes les opérations de ce genre découle exclusivement de la configuration du terrain. Ainsi, pour être maître des vallées dans la région du nord, il faut s'établir sur les lignes de partage, parce que ces vallées sont ordinairement si resserrées que, si l'ennemi s'établit sur les crêtes, il pourra couvrir son adversaire de feux croisés et rendre sa situation intenable. Mais si l'étendue des vallées enlève à ces feux leur efficacité, leur occupation entraîne celle du pays, et par conséquent la possession de toutes les ressources qu'il présente. On arrivera à déterminer ces différents cas par l'examen du terrain et l'étude de ses propriétés militaires, étude si essentielle que, sans elle, aucun projet de campagne ne peut être établi d'une manière rationnelle. Que la guerre soit régulière ou non, tout plan, nous le répétons, doit être uniquement basé sur la topographie du pays dans lequel on se propose d'opérer : c'est à elle qu'on doit subordonner toutes les combinaisons stratégiques, c'est elle encore qui servira à déterminer les positions tactiques.

On peut mettre fin par les armes à toutes les guerres sans exception; mais il faut pour cela tenir compte des éléments qui sont indispensables. On répète tous les jours dans notre pays et on considère comme un axiome que les luttes civiles ne peuvent se terminer que par une convention; il est bien certain qu'on est obligé d'avoir recours à ce moyen lorsque les hommes et l'argent manquent à la fois. Prétendrait-on exiger que le plus habile ingénieur ou l'architecte le plus célèbre construisît un palais élégant et solide quand on ne lui donne que le strict nécessaire pour élever une modeste habitation? Il n'est pas plus logique de demander à un général de terminer une guerre par les armes si on ne met à sa disposition ni les soldats ni les fonds dont il ne peut se passer. Le problème à résoudre est celui-ci : obtenir le succès le plus complet en détruisant l'ennemi par une ou deux batailles, la science de la guerre moderne en fournit les moyens; mais si l'on n'a pas les ressources suffisantes pour les livrer ou pour en retirer des avantages décisifs, si l'on ne possède pas les données convenables pour arriver à la solution du problème proposé, il vaut bien mieux éviter des combats, qui n'auraient d'autres conséquences qu'une inutile effusion de sang.

Dès que la guerre dans le nord devient régulière, on peut adopter deux plans pour la mener à bonne fin. Si l'on dispose de moyens suffisants, si l'on a une armée assez forte et constituée d'une manière normale, on doit prendre une vigoureuse offensive stratégique, manœuvrer et forcer l'ennemi à accepter la bataille. Le succès obtenu, une poursuite bien conduite le disperse, le pays est occupé militairement et la guerre est finie.

Malheureusement, en Espagne, on vit toujours au jour le jour en ce qui concerne l'armée, sans songer au lendemain. Elle ne présente que les effectifs rigoureusement nécessaires pour quelques garnisons et n'est pourvue, grâce à la fureur d'économie malentendue qui règne partout, ni de matériel, ni de réserves, ni d'établissements d'instruction appropriés aux besoins de l'époque actuelle; elle manque, en un mot, de tout ce qui constitue une armée

moderne. Ajoutons-y l'état dans lequel se trouvent aujourd'hui nos troupes après les tristes événements de 1873 que tout le monde connaît et la situation précaire de nos affaires ; on se convaincra aisément que nous ne devons point songer à adopter le premier plan, mais qu'il faut nous restreindre au second. C'est celui dans l'établissement duquel on ne se préoccupe point des éléments nécessaires pour une campagne offensive, et « dans un sem-
« blable cas, a dit judicieusement le général
« don Luiz Fernandez de Cordova, l'unique
« moyen de se tirer honorablement d'une
« guerre, c'est de ne pas l'entreprendre ».

Tous les points fortifiés de l'intérieur, à l'exception de ceux qui ont tenu pendant la guerre irrégulière, doivent être abandonnés dès qu'elle devient régulière. Il est impossible de les conserver, parce qu'on ne saurait les ravitailler ni leur porter secours quand ils sont assiégés et qu'ils sont susceptibles de tomber au pouvoir de l'ennemi. Ces petits succès, outre la confiance qu'ils lui inspirent, font tomber entre ses mains des armes, des munitions et de l'artillerie. Sans l'effet moral que produirait ce sacrifice, Bilbao lui-même devrait être désarmé et évacué par les troupes : sa conservation, envisagée au point de vue militaire, est un obstacle pour les opérations, une préoccupation constante pour le général en chef, et nous savons par expérience combien de sang elle nous a coûté sans aucune compensation.

La base naturelle d'opérations, dans cette guerre, est la ligne de la frontière et celle de l'Arga jusqu'à l'Èbre; mais elle ne saurait être employée que dans l'hypothèse d'une guerre offensive et dans le cas où nous pourrions disposer de cent mille hommes. Dans la seconde hypothèse, celle de l'Èbre et de l'Arga, jusqu'à Pampelune est la seule admissible.

Le moyen le plus sûr de porter un coup mortel au carlisme serait de tenir la frontière de France, car c'est par elle qu'il reçoit en grande partie les secours qui viennent de l'étranger; en l'occupant et en bloquant rigoureusement la côte cantabrique depuis le cap Figuier jusqu'à Castro-Urdiales, la guerre deviendrait plus difficile, faute des ressources nécessaires pour la continuer. Mais la ligne de la frontière, c'est-à-dire celle du Baztan, ne peut être conservée si on ne la prend comme base d'opération; or elle a quatre-vingt cinq kilomètres de développement de Pampelune au pont de Behobie, la vallée est étroite et l'on n'aurait la possibilité de s'y maintenir qu'à la condition d'être d'abord maîtres des crêtes dans toute la partie occidentale, qui est extrêmement escarpée et sauvage. Il serait donc indispensable de construire, dans toute son étendue, sur des points culminants préalablement déterminés d'après des considérations stratégiques, une série de forts qui auraient pour but de défendre la vallée et de commander les villes qui y sont situées. Mais en admettant que nous trouvions les fonds nécessaires pour élever rapidement ces ouvrages, ils exigeraient un nombre si grand de défenseurs que les troupes destinées aux opérations en seraient considérablement réduites. Continuellement assiégés par l'ennemi, qui se servirait pour arriver jusqu'à eux des avantages que lui offre le terrain, il faudrait, autant pour les empêcher de capituler que pour assurer leur ravitaillement, former un corps d'armée qui ne concourrait plus au but général de la campagne; sa faiblesse numérique lui interdirait toujours, en effet, de prendre l'offensive stratégique, et il serait forcé de se mouvoir dans une région de conditions topographiques aussi défavorables que le sont les vallées de l'Ulzama, de San-Esteban de Lerin, de Basaburuas, et les montagnes de Aya et de Goizüeta. Mais ce ne sont pas là les raisons les plus sérieuses que l'on puisse invoquer contre le Baztan et qui permettent de le considérer comme tout à fait impropre à servir de ligne de défense. Il doit se ravitailler à Pampelune et n'a pour cela qu'une seule voie, qui est la route de France : or tous les convois sortant de cette place peuvent, dès qu'ils arrivent aux défilés de Sorauren, être attaqués par l'ennemi pendant toute la durée de leur marche. Il deviendrait indispensable, pour les empêcher de tomber en son pouvoir, d'employer à combattre continuellement tout le corps d'armée, qui se heurterait alors sans cesse dans l'offensive tactique à un terrain presque inaccessible et fortifié par son adversaire. Serait-il possible qu'un pareil état de choses pût se prolonger bien longtemps ? Nos troupes finiraient par se fondre peu à peu dans des luttes stériles, et si le corps d'armée venait à subir quelque échec, comme il n'aurait derrière lui aucune ligne de ravitaillement, il n'aurait pas non plus de ligne de retraite, il se verrait acculé à la frontière et réduit à l'alternative de se réfugier en France ou de mettre bas les armes. Les lignes stratégiques de défense ne peuvent jamais être admises si des lignes de ravitaillement, de communications et de retraite perpendiculaires à leur direction, ne se relient point en arrière avec la base d'opérations : celles même qui sont parallèles et situées à quatre ou cinq kilomètres seulement en arrière, sont très-exposées et par suite très-incertaines. Même en comptant sur la route de Urdax pour tirer des approvisionnements de France, la ligne du Baztan ne laisserait pas que d'être très-mauvaise et son occupation bien téméraire, car une seule ligne de ravitaillement serait tout à fait insuffisante eu égard à l'étendue de la ligne de défense.

Cette dernière peut être enlevée à l'ennemi non point à la frontière, mais bien à quelques kilomètres dans l'intérieur du pays, par l'avancement progressif de nos lignes ou lorsque notre armée, se plaçant dans l'offensive stratégique, interceptera toutes ses communications avec la France, opération qui est, avec l'occupation du pays insurgé, le seul but qu'on doive se proposer en adoptant ce système.

Il existe dans la province de Navarre une

zone dont la richesse agricole et les ressources en bétail sont le principal aliment de la guerre civile : elle comprend les vallées de l'Aragon, de l'Irati, de l'Èbre et la partie inférieure de celles de l'Arga et de l'Ega; l'enlever aux rebelles, c'est porter une atteinte presque mortelle à l'insurrection. Nous pouvons l'occuper avec un nombre assez restreint de troupes, en construisant des lignes défensives qui, avec la puissante artillerie dont les forts seront armés, empêcheront l'ennemi d'utiliser les produits de la portion de la zone dans laquelle il ne nous serait pas possible de pénétrer.

La côte Cantabrique, outre les inconvénients spéciaux inhérents à ce genre de base d'opérations, est battue par une mer orageuse, et ses communications sont exposées à de longues interruptions : sa configuration, que nous avons étudiée plus haut, la rend tout à fait inacceptable. Le versant septentrional est, comme nous l'avons vu, une étroite bande de terrain limitée par le gigantesque escalier qui constitue la chaîne Pyrénaïque, de laquelle se détachent, pour aboutir à l'Océan, des contre-forts sauvages qui forment les lignes de partage des eaux de cette région. Il est impossible de franchir cette barrière pour porter les opérations sur le versant oriental; les passages y sont peu nombreux, les positions qu'elle présente sont bien accusées et excellentes; les vallées, resserrées et impraticables si l'on ne parvient pas auparavant à occuper les lignes de faîte, qui sont, en général, d'un accès difficile et qui deviennent inabordables quand elles sont fortifiées et bien défendues. Sur le flanc ou en arrière de l'armée se trouve la mer, sur le secours de laquelle il faut médiocrement compter pour le ravitaillement. S'il survenait un échec, on serait acculé à la côte sans retraite possible et exposé à un terrible désastre.

C'est pour ces raisons que, malgré des succès chèrement achetés sous Bilbao, il a toujours été impossible de continuer les opérations à partir de cette base et que l'on a été forcé de chercher celle bien plus rationnelle de l'Èbre, pour les porter sur le versant oriental. Tel est aussi le motif pour lequel, en mai 1874, le marquis del Duero, après avoir levé le siége de cette ville, fit passer toutes les troupes sur la base de l'Èbre afin de les concentrer sur un point décisif, Estella, en arrêtant les opérations sur le versant septentrional. En octobre 1873, après une marche hardie et pénible, qui conduisit l'armée à Saint-Sébastien pour aller au secours de Tolosa, il s'était trouvé déjà dans la nécessité de l'embarquer pour la porter sur le versant oriental.

Le peu de largeur de la plupart des vallées, dans les provinces du nord, empêche de pénétrer dans l'intérieur du pays, à moins que l'on ne se soit rendu maître des lignes de faîte par les mouvements progressifs des troupes, qui forment alors comme autant de bases secondaires reliées à la base générale. Dans la guerre civile de Sept ans, il était déjà périlleux de tenter des incursions dans le cœur du pays, même en n'ayant à redouter que les effets peu dangereux du fusil alors en usage; nos troupes entrèrent néanmoins à plusieurs reprises dans la Burunda et dans la Barranca; mais aujourd'hui, ces vallées sont absolument impénétrables. Comme les crêtes sont inaccessibles en raison de leur escarpement et que les communications y sont très-difficiles, on ne peut suivre cette direction; il en est de même de toute autre ligne importante de la Navarre.

En prenant comme base l'Èbre et l'Arga, le seul système que l'on puisse adopter pour une guerre de ce genre consiste, nous l'avons déjà dit, à se servir de lignes successives qui, liées à la base d'opérations, conduisent progressivement jusqu'au cœur de la contrée, que l'on occupe militairement en même temps qu'on en dérobe les ressources à l'ennemi. Règle générale, on ne doit fortifier aucune ville ou village, si peu considérables qu'ils soient; le travail qu'exigerait cette précaution nécessiterait l'emploi de beaucoup d'hommes et plus tard une nombreuse garnison, qui diminueraient d'autant l'effectif des troupes destinées à exécuter les opérations. Les localités sont en outre situées le plus souvent dans des dépressions; il en résulte que si l'ennemi gagne les lignes de faîte, ce qu'il essaiera de faire certainement, il dominera nos positions et nous forcera à les abandonner. Les lignes successives doivent être constituées par une série de petits forts construits sur les points culminants, pouvant contenir de cent à deux cents défenseurs et armés de deux ou trois pièces à grande portée : ils commandent par leurs feux la vallée et les centres de population qu'elle abrite.

Si l'on se trouve dans la nécessité de garder Bilbao et Saint-Sébastien, il faudra choisir, à proximité de ces deux points, des lignes qui les mettent à couvert des effets de l'artillerie ennemie. On n'ira point jusqu'à se préoccuper de quelque pièce de montagne qui pourrait, à la faveur de la nuit, y lancer de menus projectiles sans occasionner de dégâts sérieux; mais toutes les positions où l'ennemi pourrait installer des batteries de siége susceptibles de canonner les habitations, devront être vues par nos pièces. Les communications de Bilbao avec Portugalète et la mer par l'embouchure du fleuve, celles de Saint-Sébastien avec Irun et la frontière par le Jaizquivel, seront protégées par un système de forts peu nombreux en raison même de la longue portée de l'artillerie actuelle : ces forts couvriront le port de Passages. Il ne faudra en outre rien entreprendre de ce côté sans être sûr d'avance d'obtenir un résultat, ni enlever aux troupes qui opèrent en Navarre plus de monde qu'il n'est strictement nécessaire pour occuper ces deux places.

On se tromperait beaucoup en supposant que l'ensemble des lignes et des points fortifiés doit fermer si hermétiquement les débouchés qu'il soit comme une muraille de la Chine destinée à arrêter jusqu'aux petites bandes qui parcourront toujours un pays où elles sont sûres de trouver aide et protection, même quand il est occupé par nos troupes. Le système que nous indiquons, lent en apparence, est en réalité le plus rapide et celui dont les résultats sont les plus considérables quand on ne dispose pas des moyens suffisants pour entreprendre une campagne stratégique offensive, mais en l'appliquant il ne faut pas que la défensive soit absolue ni que l'armée reste dans une immobilité complète. Il réclame au contraire beaucoup de mobilité, de nombreuses combinaisons, et ne doit point demander son succès à des affaires sanglantes, souvent inutiles et d'une issue problématique. Il doit bien plutôt le chercher dans des mouvements stratégiques qui excluent toujours le combat livré dans l'offensive tactique, et produisent des avantages égaux ou plus grands sans exposer l'armée à une défaite et par suite à la nécessité de rétrograder.

Les engagements meurtriers qui ne conduisent pas à un résultat certain et déterminé d'avance, et dont on dit pompeusement en langage officiel qu'ils ont fait conquérir avec beaucoup de gloire (et aussi beaucoup de sang) des positions qu'il faut abandonner le lendemain, sont de véritables échecs qui démoralisent nos troupes et exaltent d'autant le courage de l'ennemi, qui s'habitue au feu et devient soldat en s'accoutumant à combattre. On doit les éviter avec le plus grand soin ; il en sera de même des incursions exécutées dans l'intérieur de la contrée pour revenir précipitamment au point de départ par le même chemin, et qui ne peuvent être admises que comme une préparation à des opérations ultérieures ; en général, on ne doit jamais abandonner un point que l'on est parvenu à atteindre et qui doit être fixé d'avance aussi bien que les lignes sur lesquelles on se propose de s'établir. Ces combats isolés, ces mouvements incohérents montrent simplement que l'on n'a ni objectif précis ni plan arrêté, et que si l'on se bat, c'est uniquement pour paraître faire quelque chose et satisfaire ainsi les stratégistes amateurs, qui crient constamment contre l'inaction de l'armée.

Lorsque nos lignes, partant du passage de Congosto, dans la sierra de San-Gregorio, pour commander la vallée de l'Ega et la Berrueza, passeront par los Arcos et le petit port de Cogullo, qui nous donnera la possession de la Solana; par le flanc du Montejurra, par Allo et les hauteurs de Villatuerta; par le mont Ezquinza, d'où nous pouvons dominer les vallées de Yerri et en grande partie celle de Guesalar; lorsque ces lignes se relieront à Pampelune par les hauteurs du Guirguillano et de Belazcoain, qu'elles suivront la ligne de partage des eaux de l'Arga et du Larraun jusqu'à Irurzun et iront de ce point par Lecumberri jusqu'au port de Azpiroz; si en temps utile on s'est, en partant de Saint-Sébastien, rendu maître des monts Urcabe, d'Oyarzun et de la partie comprise entre Vitoria et Alsasua, l'insurrection carliste aura reçu un coup qui lui rendra la continuation de la guerre bien difficile : la zone productrice de la Navarre sera en notre pouvoir et nous intercepterons toutes les communications de l'ennemi avec la France. C'est alors que, profitant de son affaiblissement, nous pourrons occuper la ligne du Baztan: mais en supposant que nous n'y parvenions pas, les ressources qu'il tire de la frontière devront, pour lui arriver, passer à dos de mulet par des chemins impraticables à travers la chaîne Pyrénaïque, puisque nous tenons toutes les routes qui conduisent dans l'intérieur du pays, à l'exception seulement de celle de la ligne de l'Orio, à partir de Tolosa. Enfin, toute la région située en arrière de nos lignes sera sillonnée par des colonnes et des contre-guerrillas qui s'opposeront aux exactions des douaniers. On a émis des opinions très-contradictoires sur l'utilité de ces troupes auxiliaires; nous les croyons très-capables de rendre d'importants services si elles sont bien organisées, commandées par des chefs d'une habileté constatée, et si l'on a soin de les payer et de les entretenir aux frais de l'État, sans jamais les faire vivre sur le pays; dans le cas contraire, elle ne peuvent être que nuisibles.

Comme nous l'avons dit, il est impossible d'empêcher quelques petites bandes de traverser nos lignes et de parcourir la zone que nous occupons. Cependant, si l'on a construit des forts pour commander Lumbier, Sangüesa et intercepter les routes de Aoiz et de Monreal, aucune troupe de véritable importance ne pourra franchir nos lignes. Entrée sans difficulté dans notre zone d'action comme nous pourrions le faire dans celle qu'elle occupe, elle serait, comme nous le serions nous-mêmes, bien embarrassée pour en sortir. Il serait facile de lui couper la retraite quand elle tenterait de revenir sur ses pas, et notre cavalerie l'empêcherait toujours de descendre dans les vallées pour y chercher des vivres. Par le système des lignes combinées avec des petits forts, l'insurrection se trouvera emprisonnée dans les parties les plus pauvres du territoire comme dans un cercle de bronze représenté par nos canons de dix, douze, seize et vingt et un centimètres. La Guardia maîtrise toute la Rioja Alavaise, région riche en produits agricoles de toute espèce. Après avoir occupé ce point important par le Ciego pour garder le pont sur l'Èbre, nos lignes devront continuer par Briones, Haro et Ircio, pour surveiller les gués, qui seront tous détruits, et par Miranda de Ebro, station de la voie ferrée qui exige une garnison plus forte que les autres localités. Il suffira, pour rester maîtres des communications avec Vitoria, de trois ou quatre ouvrages élevés sur le sommet de las Quintanillas et dans le défilé de la Puebla de Arganzon. La plaine produit d'excellentes céréales : elle devra être occupée à l'époque de la récolte pour empêcher les carlistes d'en profiter; les seuls forts à construire dans ce but sont les suivants : un au-dessus de Alsasua et de la route du port de Echegarate, qui fait communiquer le Guipuzcoa avec la Navarre, et l'autre à Salvatierra, pour relier cette localité à Vitoria : on pourra toujours, sous leur protection, parcourir la plaine autant qu'on le jugera nécessaire.

De Miranda de Ebro, les lignes suivront le fleuve jusqu'au Losa, dont elles remonteront le cours, longeront l'Ason après avoir coupé la chaîne Pyrénaïque, et aboutiront à Laredo et à Santoña : ces deux villes garderont par la côte leurs communications avec Castro-Urdiales. Si, à droite, il n'a pas été possible d'occuper Jrurzun, le passage de Gulina et le pont de Anoz, sur le Larraun, devront être détruits. Les approvisionnements qui traversent la frontière sont transportés par la route du Baztan jusqu'au port de Velate, où ils s'engagent dans le chemin vicinal de Orquin pour arriver au port et au pont que nous venons de citer plus haut et à la route de Salinas de Oro. S'ils les trouvent ruinés, les convois seront dans l'obligation de faire un immense détour pour gagner la route de las Dos Hermanas, et un autre qui n'est pas moins considérable pour franchir la sierra de Andia par la route de la Venta de Zumbelz.

Nous insistons d'une manière toute particulière sur cette importante condition, que les points et les zones qui jalonnent nos lignes doivent être occupés successivement par des mouvements stratégiques, de façon à ne donner lieu à aucun engagement sérieux, à moins que nous ne nous trouvions placés dans la défensive tactique; il s'agirait alors de manœuvrer pour forcer l'ennemi à prendre l'offensive.

Comme il est impossible d'indiquer d'avance les mouvements qui doivent avoir pour résultat l'occupation de chaque ligne, nous nous bornerons à déterminer ceux qu'il faudrait faire pour quelques-unes d'entre elles. En supposant que l'armée se trouve sur celle de l'Arga et qu'elle occupe Larraga et Lerin, si nous voulons porter la ligne jusqu'à Oteiza et nous emparer des hauteurs qui dominent Villatuerta et des monts de Ezquinza, nous dirigerons un corps de troupes sur Pampelune; il poussera des reconnaissances du côté de Velate, et l'on répandra secrètement le bruit de sa marche sur le Baztan dans le but de rétablir cette ligne et de détruire les fabriques de Vera. Un autre corps, qui doit occuper d'abord Larraga, Lerin, Miranda de Arga et même Sesma, suivra de loin le mouvement de celui qui se porte sur Pampelune et s'établira à Tafalla et à Artajona.

Aussitôt que des points aussi importants pour eux que le Baztan et Vera paraîtront menacés, les carlistes se hâteront certainement d'accourir avec le gros de leurs forces pour couvrir la partie compromise et l'Ulzama. Le corps de Pampelune prononcera alors un peu ses reconnaissances, engagera même quelques combats de guerrillas, et lorsque le gros des carlistes arrivera aux endroits vers lesquels a lieu la démonstration, le corps de Artajona et de Tafalla exécutera une rapide contre-marche en deux colonnes qui s'empareront, de grand matin, l'une de Oteiza et des hauteurs de Villatuerta, l'autre du mont Ezquinza ; ces deux colonnes, avec des moyens préparés à l'avance, fortifieront leurs positions en quelques jours. Après l'occupation de la ligne et la construction des forts, l'artillerie lancera ses projectiles jusqu'à Estella, qui sera bientôt en ruines ainsi que les villes situées à bonne portée. Au moment opportun, on brûlera les moissons et on anéantira les ressources que l'ennemi pourrait tirer des fertiles vallées dont le parcours nous est interdit, mais que notre canon commande, et cette circonstance contribuera certainement beaucoup à abréger la durée de la guerre. Il est superflu de dire que s'il avait été privé, par des moyens analogues, des secours de toute espèce qu'il a tirés de l'étranger, don Carlos n'aurait pu soutenir la lutte aussi longtemps qu'il l'a fait; sans doute le pays (et en particulier la Navarre) a fourni des vivres aux troupes carlistes, mais l'habillement, l'équipement, les armes, les munitions et les canons sont venus du dehors à travers la frontière ou par les voies maritimes.

Le système des lignes exige, comme nous l'avons dit, beaucoup de mobilité; aussi l'armée doit-elle manœuvrer sans cesse tantôt sur un flanc, tantôt sur l'autre, de notre base d'opérations, soit pour se porter en avant et occuper progressivement le territoire, soit pour attirer l'ennemi sur l'un des rares champs de bataille où l'on puisse obtenir des résultats décisifs. Lorsque nos troupes occupent une contrée qui leur est hostile, l'inaction brise leur moral, les désertions augmentent, et les conditions nécessaires pour prendre l'offensive à un moment donné deviennent de moins en moins favorables. Nous ajouterons qu'il ne faut jamais accumuler le gros de ses forces dans une province quand on se propose sérieusement d'y opérer; il est bien préférable d'exécuter au contraire de feintes concentrations dans une autre, pour marcher ensuite rapidement sur celle-là : rien n'était plus facile avec les carlistes pendant la dernière guerre. Lorsqu'on veut agir contre eux en Navarre, sur la ligne de l'Arga, il faut les attirer dans l'Alava et quitter ensuite inopinément cette région pour marcher par la voie ferrée de Tudela sur le lieu où doit s'effectuer la concentration réelle. A aucune époque de l'année, excepté néanmoins pendant le temps de la moisson, ils ne viendront dans cette partie du territoire; ils n'ignorent point que Vitoria est une mauvaise base pour entreprendre une opération décisive. Il n'existe pour entrer dans le Guipuzcoa, la Biscaye et la Navarre, que des vallées étroites dans lesquelles on ne pénètre qu'avec beaucoup de peine, et quoiqu'il n'y soit pas impossible de conserver ses communications et de ravitailler l'armée, la chose n'en est pas moins très-difficile; aussi tout en s'apercevant très-bien de la concentration d'un corps dans la plaine, se borneront-ils à détacher de leurs troupes de Navarre quelques bataillons chargés de surveiller nos mouvements et d'occuper les retranchements qu'ils auront préalablement construits à toutes les issues de l'Alava pour repousser la première attaque de nos troupes. Dans ces montagnes sauvages et à l'aide de ces ouvrages, ils résisteront avec très-peu de monde à des forces de beaucoup supérieures en nombre. Mais si nous exécutons un mouvement offensif sur Peñacerrada et la route de Estella par Santa-Cruz-de-Campezu, nous les verrons arriver en masse pour défendre ces passages; ce sera le moment pour nous de profiter de l'occasion qui se présente d'opérer du centre à la circonférence; nous nous porterons donc immédiatement par une contre-marche rapide sur Villareal de Alava, que notre mouvement en sens opposé aura fait dégarnir; nous nous avancerons ensuite par la vallée de Aramayona et la route de Durango pour occuper la crête de la chaîne Pyrénaïque, et nous dirigerons en même temps, si cela est possible, quelques bataillons sur Durango. L'opération doit être conduite avec beaucoup de célérité; le plus grand secret et une connaissance exacte du terrain sont indispensables : dans cette manœuvre, l'ennemi voit, non pas une incursion sans conséquence dans le cœur du pays, mais bien plutôt une menace directe sur ses fabriques de Plasencia et de Eybar; il se hâtera certainement d'accourir pour les sauver, et lorsqu'il arrivera nous serons déjà descendus des montagnes dans la plaine. Le corps ou les corps d'armée qui se trouvent en Navarre ne feront aucun mouvement offensif pendant les opérations sur l'Alava; au contraire, quelques troupes de la première ligne se retireront en semant le bruit qu'elles se dirigent vers cette dernière province; en réalité, elles doivent battre en retraite par un chemin et revenir sur leurs pas par un autre, mais en observant de rester toujours en seconde ligne. L'ennemi, en effet, apprend très-vite ce qui se passe sur la première ligne, un peu plus tard ce qui survient en arrière, et peu ou point du tout ce qui se passe à la droite de l'Èbre. On ne connaît cette particularité, comme beaucoup d'autres, que par l'étude et la pratique de cette guerre si exceptionnelle; et quoique, au premier abord, elle puisse paraître insignifiante, elle ne laisse pas que d'avoir une grande importance. Au moment précis où l'on apprend que l'ennemi accourt vers l'Alava et qu'il a marché dans cette direction pendant une ou deux journées, les opérations doivent commencer et être poussées rapidement et avec vigueur en Navarre ; mais on les fera toujours précéder de mouvements stratégiques préliminaires en menaçant la droite si l'objectif est à gauche, et l'on ne prendra l'offensive tactique que dans le cas où l'on aura acquis la certitude de rencontrer des forces inférieures en nombre et incapables d'opposer une résistance sérieuse.

L'attaque de front contre des retranchements bien pourvus de défenseurs ne mène à rien le plus souvent, et présente dans tous les cas de nombreuses chances d'insuccès ; aussi ne devra-t-on l'employer en général que comme démonstration. Enfin, puisqu'il est reconnu que le problème de la guerre ne peut se résoudre que par la réunion de l'offensive stratégique et de la défensive tactique, et que nous voyons combien il est difficile de réaliser à la fois ces deux conditions, il faudra absolument proscrire les combats isolés, qui n'y satisfont point et n'aboutissent qu'à une inutile effusion de sang : cette raison seule suffirait pour nous les faire condamner énergiquement.

Si l'ennemi possède de l'artillerie, comme il en a eu et en grande quantité pendant la dernière guerre, on peut l'attirer sur un champ de bataille, où on la lui enlèvera à l'aide de mouvements stratégiques qui auront pour résultat de nous placer, pour ainsi dire, dans l'offensive stratégique partielle par rapport à l'un des points de sa ligne de bataille. Dans le cas où il n'aurait pas d'artillerie pour défendre les positions qu'il occupe, ces mouvements ne seraient susceptibles de nous procurer aucun avantage matériel.

On ne saurait dans une guerre de ce genre, songer à couper quelques bataillons du corps principal ni à faire un grand nombre de prisonniers, encore moins à faire mettre bas les armes à des divisions entières, seul moyen d'anéantir une armée ; car, sans parler de l'inhumanité du procédé, nous considérons comme tout à fait impossible d'arriver à ce résultat par le fer et par le feu. Le chef, l'officier, le soldat lui-même sont enfants du pays, ils sont agiles et rompus au terrain : si l'on parvient à séparer quelque fraction du gros de la troupe, tous les individus qui la composent se dispersent immédiatement; avec une légèreté merveilleuse, ils gravissent des pentes inaccessibles, se glissent en rampant dans d'horribles précipices, et au moment où l'on croit qu'ils n'ont plus d'autre chance de salut que de se rendre, ils cachent leurs armes s'ils en sont embarrassés et disparaissent comme des ombres. Lorsqu'ils ont de l'artillerie avec le matériel considérable qu'elle exige, on ne leur fera pas plus de prisonniers sans doute, mais on pourra s'emparer de leurs canons. Dans cette dernière hypothèse, il existe deux champs de bataille, qui sont la ligne du Carrascal et celle des monts de Vitoria.

Dans le premier cas, il est nécessaire d'opérer avec la plus grande prudence et à l'aide de mouvements préparatoires qui auront pour but de tenir l'ennemi dans l'incertitude sur le véritable point de l'attaque. On simulera d'abord, puis on prononcera enfin cette attaque sur le centre, c'est-à-dire sur le Carrascal, par la route de ce nom et par celle de Artajona, pendant qu'un corps détaché s'avancera par celle de

Lumbier et de Monreal jusqu'à ce qu'il prenne le contact avec Pampelune, et interceptera les routes du Perdon et les ponts de Ibero et de Belascoain. Un autre corps se dirigera à gauche, par Oteiza, pour occuper la route de Puente la Reina à Estella. De cette façon, l'artillerie établie par l'ennemi sur la gauche de l'Arga n'aura plus de ligne de retraite, les retranchements seront pris à revers et la bataille pourra donner des résultats décisifs.

La ligne des montagnes de Vitoria se trouve dans des conditions semblables à celle du Carrascal; celle-ci est à cheval sur l'Arga, celle-là sur le Zadorra. L'attaque principale se dessinera sur le centre sans faire le moindre mouvement par le comté de Treviño; on menacera également la gauche en manœuvrant vers Salinas de Añana. Au moment où les troupes ennemies auront dégarni les monts de Vitoria dans la persuasion que nous allons forcer les passages de las Conchas de Arganzon et le port de Doroño, un corps s'avancera rapidement par le comté de Treviño, franchira les montagnes de Vitoria par la route de Peñacerrada et descendra dans la plaine avec une nombreuse cavalerie qui barrera toutes les routes. L'artillerie établie sur la gauche du Zadorra ne trouvera plus d'issue pour s'échapper, puisque les ponts sur cette rivière seront occupés.

Si l'ennemi emploie toutes ses forces pour faire le siége de Bilbao, il nous fournit une excellente occasion d'entreprendre contre lui une campagne décisive. Pour le forcer à le lever, la majeure partie de l'armée se portera sur le Somorrostro, en prenant pour base d'opérations ce cours d'eau et Castro-Urdiales; elle tiendra l'adversaire en échec de ce côté, mais sans prendre résolûment l'offensive tactique, elle se bornera seulement à attirer son attention jusqu'à ce qu'un autre corps vienne se placer dans l'offensive stratégique.

Les troupes qui ont assiégé Bilbao ont toujours tiré leurs subsistances de la Navarre, de l'Alava et du Guipuzcoa. Leurs convois venant de la première de ces provinces, suivaient la route de Estella à Vitoria et celle de la Burunda, qui leur permettaient de déboucher dans la plaine pour longer le port de Artaban, gagner Villareal de Alava et prendre la route de la Biscaye; quant aux munitions fournies par les fabriques et les dépôts d'Azpeitia et de Vera, elles doivent se diriger par les routes qui pénètrent dans cette province, en passant par Vergara et Elgoibar. Un corps formé de détachements pris dans les autres armées et tirés des autres provinces se réunira à Valladolid et à Burgos sous prétexte de renforcer celui qui se trouve à Somorrostro, et s'y organisera avec une partie des troupes qui occupent cette ligne et qui ne s'en éloigneront qu'au dernier moment, avec des précautions infinies pour que l'ennemi ne s'en aperçoive pas. Au jour fixé d'avance et à la tombée de la nuit, toutes ces troupes commenceront leur marche par le chemin de fer jusqu'à Vitoria, si cela est possible; dans le cas contraire, elles s'arrêteront à Miranda et se porteront secrètement avec la plus grande rapidité sur Villareal de Alava et sur la ligne du Deba jusqu'à Elgoibar. Elles ne prendront cependant point position sur cette rivière, mais s'établiront dans les montagnes sur la ligne de partage de ses eaux et de l'Ibaizabal connue sous le nom de monts de Elgueta. On devra les fortifier à la hâte, et en particulier le mont de Oiz, clef de la ligne tout entière.

L'ennemi, voyant ses lignes de ravitaillement et de retraite interceptées, ne peut rester plus longtemps devant Bilbao; il est forcé de lever le siége pour en venir aux mains avec le corps d'armée, qui se trouve alors placé dans l'offensive stratégique et la défensive tactique : celui de Somorrostro, déjà prévenu de cette circonstance, commence à prendre l'offensive et la pousse résolûment au moment où l'ennemi, prononçant sa retraite, se porte sur Durango par la chaîne centrale de la province de Biscaye.

Considérée comme ligne de défense, la ligne de Elgueta présente dans ce cas un défaut, c'est qu'elle ne possède en arrière aucune ligne normale de retraite ni d'approvisionnement et que la seule dont on puisse se servir, c'est-à-dire la route de France, qui franchit la chaîne Pyrénaïque par le port de Arlaban, est parallèle à sa direction. On peut l'utiliser néanmoins, si l'on a la précaution de bien fortifier les hauteurs qui dominent Villareal et Ochandiano, les monts de Bestibayeta, de Albertia et de San-Antonio de Urquiola, qui commandent les vallées de Aramayona et d'Ibaizabal, les montagnes de Udala et de Udalanz au-dessus de Mondragon, celles de Anitua, Lesuen et Inchosta au-dessus de Vergara, celles de Arrate et de Urco au-dessus de Plasencia et d'Elgoibar, et surtout le mont de Oiz. Ces montagnes sont, comme toutes celles de la chaîne dont elle font partie, élevées, boisées et inaccessibles. Même en l'absence d'ouvrages destinés à en rendre l'accès plus difficile, elles constituent des positions très-fortes; non-seulement en raison de l'impossibilité presque absolue de les aborder, mais encore à cause de la puissance énorme que l'armement actuel donne à la défensive tactique. Suivis dans leur marche par le corps de Somorrostro, toujours prêt à fondre sur leurs derrières, les carlistes ne se hasarderont pas, très-probablement, à attaquer de front une aussi formidable ligne de défense avec la perspective de se trouver pris entre deux feux, ce qui leur arriverait infailliblement. La ligne de Elgueta sera complétée par une division de cavalerie qui occupera la plaine de Alava, afin de maintenir la sécurité des communications et d'empêcher que l'ennemi n'en profite pour se retirer. Placé dans les conditions indiquées précédemment et qui sont très-possibles, sa situation deviendra si critique, qu'elle aboutira à une débandade ou à une déroute complètes, et il éprouvera à son tour des pertes sérieuses, pour les raisons qui ont rendu le siége de Bilbao si meurtrier pour nos troupes.

Lorsque, au moyen de nos lignes, nous serons parvenus à occuper le port de Azpiroz et que, par conséquent, nous serons établis sur la ligne générale de partage des eaux de l'Océan et de la Méditerranée, nous dominerons le versant septentrional et le versant oriental, et nous pourrons sans danger poursuivre les opérations sur l'un ou sur l'autre ou sur les deux à la fois. Dans ce cas, un corps d'armée prenant pour base Saint-Sébastien, devra se diriger vers la ligne de l'Orio pour relier ensemble ces deux points; un autre corps se portera en même temps vers le même objectif, mais en partant de la chaîne Pyrénaïque par Leiza. Tous deux feront leur jonction et occuperont la ligne qui passe par Tolosa et qui est d'une importance considérable, puisqu'elle isole du reste de l'Europe l'insurrection, dont presque toute la Navarre et une grande partie du Guipuzcoa et de l'Alava ont déjà abandonné le drapeau. Lorsque la campagne sera arrivée à ce point, si un blocus rigoureux est établi sur la côte, il paraît peu probable que la guerre continue; si cependant, contre toute apparence, il est nécessaire de poursuivre les opérations, en reliant le port de Azpiroz avec celui de Ibaizabal par la peña de San-Miguel de Ecelsis et le port de Berranoa, on commandera et l'on occupera la Burunda sur le versant oriental et la vallée de l'Orio sur le versant septentrional. Enfin, de Tolosa, on se portera, par les monts de Hernio et de Beizama, sur la vallée de l'Urola, en menaçant sérieusement celle du Deba. C'est dans cette dernière que doivent s'établir un ou plusieurs corps dont les opérations se combineront dans ce but avec celle du corps ou des corps qui, ayant pris la plaine de l'Alava pour base, seront maîtres des ports de Arlaban et de San-Antonio de Urquiola. De cette façon, le pays tout entier sera occupé militairement et la guerre sera terminée.

## CHAPITRE V.

POLITIQUE DE LA GUERRE. — LES RETRANCHEMENTS CARLISTES. — EXPÉDITIONS DANS L'INTÉRIEUR DE LA PÉNINSULE.

Le système politique que le commandant en chef d'une armée se propose d'adopter vis-à-vis du pays qu'il envahit ou dans lequel il fait la guerre, a toujours une influence considérable sur le cours des opérations, et par suite sur les résultats qu'on peut en attendre. S'il est vrai de dire qu'il doit toujours exister une certaine relation entre le système politique à suivre dans une campagne et le plan de cette campagne, il faut ajouter que dans les luttes civiles et plus particulièrement lorsque le nord de l'Espagne lève le drapeau carliste, c'est la politique qui doit se déduire des opérations militaires, et il y a moins accord entre elles, que dépendance étroite de l'une vis-à-vis des autres.

En exposant notre théorie de la guerre régulière dans le nord, nous avons démontré la possibilité d'appliquer deux plans : l'un, quand on possède les ressources suffisantes en hommes et en argent pour employer l'offensive rapide et l'invasion ; l'autre, quand on manque des moyens nécessaires, c'est celui des lignes successives, celui des progrès lents, qui consiste à reconquérir le pays, pour ainsi dire, pied à pied. Dans le premier cas, il est convenable, indispensable même, de suivre une politique de douceur capable d'attirer les populations ; dans le second, au contraire, il faut user de sévérité, détruire les ressources en avant de nos lignes et bloquer étroitement la région insurgée.

Au commencement d'une campagne, il est juste et parfois avantageux d'avoir recours à la clémence et de faire des concessions ; mais il peut arriver que cet essai ne produise aucun résultat favorable ; que loin d'être estimées ce qu'elles valent, les mesures inspirées par l'esprit de conciliation soient attribuées à un tout autre sentiment que celui qui les dicte ; qu'on les impute à la crainte et à l'impuissance, comme cela s'est passé dans le nord, et qu'on y réponde par l'exécution des prisonniers et par des actes d'extrême rigueur contre les personnes ou les biens des habitants qui ne professent pas les idées carlistes. Nous ne voulons point dire qu'il soit permis d'user des mêmes mesures et de se livrer à des représailles en mettant à mort de malheureux prisonniers et d'inoffensifs paysans : de pareils moyens répugnent aux mœurs de notre époque et sont indignes d'un peuple civilisé et catholique ; mais comme suite naturelle du système de la guerre, il faut en faire peser tout le poids sur le pays qui se rend coupable de ces atrocités et ne lui épargner aucune des conséquences qu'elle entraîne avec elle.

Quand l'ennemi a quitté la zone productive des provinces révoltées pour se jeter dans la montagne, si le blocus n'est pas rigoureux, la contrée ne manque de rien ; les contributions que les rebelles imposent sur toutes les denrées et les marchandises à leur entrée et à leur sortie, leur fournissent d'abondants revenus, qui sont autant de ressources pour prolonger la lutte. L'entrée des charbons minéraux permet le fonctionnement non-seulement des usines militaires, mais encore de celles qui sont exploitées par l'industrie privée : l'ennemi en tire de nouvelles contributions et par conséquent de nouveaux secours.

Le blocus doit être absolu et non pas limité seulement aux objets militaires; comme son emploi est une conséquence nécessaire du système des lignes, s'il n'est pas appliqué exactement, s'il ne met aucun obstacle à la libre introduction des denrées dans la contrée insurgée, il y a contradiction flagrante entre la politique et la guerre, et l'on ne saurait espérer aucun résultat favorable.

Pendant l'établissement de nos lignes, nos sentinelles seront soigneusement épiées par les habitants des localités voisines occupées par l'ennemi et, à la moindre négligence qu'elles commettront, tuées par des coups de fusil partant des maisons. Aucune loi de guerre n'autorise de pareils attentats, qui ne peuvent ni ne doivent jamais rester impunis. Si, après la sommation qui en est faite, la localité n'est pas évacuée immédiatement par l'ennemi, notre artillerie doit la détruire. Lorsque, à la vue de nos forts et dans la zone battue par leurs feux, les habitants enlèvent les moissons, dont la plus grande partie est conduite aux magasins de l'ennemi, il faut incendier ces récoltes et anéantir tout ce qui est susceptible de lui fournir des ressources. De telles rigueurs sont cruelles sans doute, mais il n'y a pas d'autre moyen de faire la guerre quand l'adversaire se comporte d'une manière barbare et contraire au droit des gens. Procéder autrement et répudier une politique énergique, c'est jouer une partie trop inégale et prolonger la guerre indéfiniment. Épargner un bourg dans une province, c'est quelquefois ruiner pour longtemps une contrée tout entière qui sacrifie la fleur de sa population dans la lutte dont ses montagnes escarpées sont le théâtre.

En 1873, au commencement de la guerre régulière dans le nord, les carlistes n'avaient pas d'artillerie; ils possédaient seulement deux ou trois pièces de montagne de faible portée qu'ils nous avaient prises dans quelques rencontres malheureuses. Au combat de Puente la Reina, livré dans le mois d'octobre, la première fois qu'ils présentèrent leurs bataillons en ligne, ignorant sans doute la force immense que l'armement actuel donne à la défensive tactique, ils furent cruellement éprouvés par les feux de mousqueterie lorsque, dans la retraite, ils attaquèrent les échelons avec leurs troupes en colonnes serrées de bataillon. La leçon qu'ils reçurent alors ne fut pas perdue : à Montejurra, le 7 novembre, ils combattirent en ordre dispersé, toujours sur la défensive tactique, et leurs masses constamment abritées dans les plis du terrain qui les dérobaient aux coups de notre artillerie. Pour la première fois, ils construisirent dans ce combat quelques tranchées sur le flanc du Montejurra et du Monjardin, en utilisant les clôtures qui séparent les héritages et qu'ils transformèrent en parapets ordinaires avec de la terre et des pierres : mais comme ces ouvrages présentaient un relief suffisant, ils offrirent un but à notre tir, qui leur causa des dégâts considérables.

Pendant la retraite que l'armée effectua, le 9, pour revenir à la ligne de l'Èbre, nos échelons furent attaqués également non par des masses, mais par des nuées de tirailleurs qui avançaient en ordre dispersé, se couvrant de tous les accidents et de toutes les sinuosités du terrain.

Comprenant enfin que le feu de notre artillerie devait leur être fatal, ils appliquèrent toute leur attention à perfectionner leurs tranchées et leurs ouvrages de campagne pour s'en garantir. Les conditions particulières dans lesquelles se trouvaient alors leurs troupes peu aguerries et sans cohésion, les conduisirent à adopter cette manière de combattre, pendant que, sans nous rendre compte de l'effet des nouvelles armes, nous allions de l'avant, persuadés que l'issue du combat dépendait comme autrefois de l'offensive tactique et de l'attaque à la baïonnette. De cruelles expériences faites à nos dépens ne suffirent point pour nous faire abandonner une méthode aussi peu rationnelle ou pour nous amener à la modifier d'une manière convenable.

Au mois de décembre de la même année, dans le combat de Velabieta, les ennemis, forcés de rester sur la défensive, améliorèrent encore leurs retranchements; ils construisirent une tranchée, non point pour servir d'obstacle, mais pour y abriter des défenseurs, qu'ils protégèrent en avant par un petit parapet; l'excavation avait un mètre de largeur en moyenne, et la masse couvrante offrait à notre artillerie un but assez apparent pour qu'il fût très-maltraité.

Au siége de Bilbao, voulant se garantir contre l'armée qui, de Santander, se portait au secours de la place, ils sillonnèrent toute la vallée du Somorrostro de tranchées présentant la même largeur que celles de Velabieta, mais cette fois, ils n'élevèrent plus en avant de parapet avec la terre extraite du fossé; ils le firent en gazonnement, offrant le plus faible relief possible, et par cela même donnant beaucoup moins de prise à l'artillerie. Ils les étendirent du mont Lucero sur la côte, jusqu'aux monts de Erezu, dans la vallée du Cadagua, en suivant la ligne de partage des eaux entre les embouchures du Somorrostro et du Galindo, par les pics de Triano et la sierra de la Magdalena : elles formaient des lignes continues reliées entre elles par des redoutes. Les sanglants combats qu'ils soutinrent en février et en mars leur démontrèrent que les tranchées avaient une largeur trop grande et trop de relief, imperfections qui leur causèrent des pertes sensibles par le feu de l'artillerie. Pendant tout le temps qui s'écoula entre les combats de février et ceux de mars, ils ne cessèrent pas un seul instant la construction de nouveaux abris; ils la poursuivirent même après le mois de mars, en y apportant des modifications importantes. Ils leur donnèrent la profondeur nécessaire pour couvrir un homme; mais, instruits par l'expérience, ils ne formèrent plus de parapet avec la terre provenant de l'excavation; ils se bornèrent à la répandre en avant, de manière à ôter aux effets de notre artillerie toute leur efficacité. Non-seulement ces ouvrages ne laissaient aucune prise aux projectiles, mais on en ignorait même l'existence, jusqu'au moment où les feux qui en partaient venaient tout à coup nous surprendre. Leur développement était si considérable, que nos troupes ne pouvaient s'avancer sur eux sans être atteintes par les balles qui les frappaient sur les deux flancs et quelquefois à revers. Les meilleurs soldats auraient lâché pied dans une attaque exécutée au milieu de conditions si défavorables, les nôtres marchèrent à l'assaut toutes les fois qu'on le leur ordonna. Tant d'héroïsme est ignoré ou calomnié!

Dans la troisième attaque des lignes, nos troupes parvinrent à les percer en exécutant sur le front un mouvement tactique étendu pour se rabattre ensuite sur la gauche ennemie, la victoire couronna leurs efforts, et les carlistes furent mis en fuite après la mort de leur chef, don Castor Andéchaga.

A la bataille d'Estella, en juin 1874, toute la ligne de partage des eaux entre l'Ega et son affluent l'Iranzu était couverte de tranchées présentant le même profil que celles de Somorrostro, mais sans former de lignes continues; elles avaient quinze à vingt mètres seulement de longueur et leurs extrémités se repliaient en crochet. Toutes les hauteurs, les pentes et les points culminants étaient littéralement remplis de ces ouvrages, que les carlistes occupaient et défendaient successivement suivant le point où se prononçait notre attaque. Les effets de l'artillerie étaient complétement nuls contre de semblables défenses, car il était matériellement impossible d'envoyer des obus dans une cavité de cinquante centimètres de largeur. En les voyant tomber autour d'eux, les défenseurs se cachaient, le projectile éclatait, et les fragments passaient au-dessus de leur tête sans les toucher; ils se relevaient ensuite promptement et continuaient leurs feux. Le tir de l'artillerie sur des abris de ce genre était si peu efficace qu'une batterie de quarante pièces établie pour battre ceux de Montemuro ne produisit pas le moindre résultat.

Lorsqu'au mois de novembre le siége fut mis devant Irun, l'armée n'aurait pu s'ouvrir un passage à travers les innombrables tranchées creusées sur la formidable position qui marque la ligne de partage des eaux de la Bidassoa et de l'Oyarzun, si un mouvement stratégique exécuté sur la gauche de l'ennemi ne l'eût contraint à abandonner le Jaizquivel d'où l'on put prendre en flanc et à revers les retranchements carlistes, qui furent évacués après un court combat.

Après avoir bloqué Pampelune, ils formèrent le projet de réduire la place par la famine; et comme l'armée de secours était obligée de traverser le Carrascal, ils y accumulèrent tous les genres de défenses, couvrirent, en outre, d'une multitude de tranchées les sierras del Perdon et de Alaix, et étendirent leurs lignes jusqu'à Estella. Possédant à ce moment une artillerie régulière, ils construisirent des batteries qui croisaient leurs feux sur tous les chemins par lesquels les troupes pouvaient s'avancer; aussi ne fallut-il point songer à emporter par une attaque de front la position formidable qu'ils occupaient; un mouvement stratégique qui eut pour effet de déborder leur aile gauche, permit de la tourner et les força à battre en retraite.

Les avantages extraordinaires qu'ils avaient retirés de ces tranchées, les amenèrent à en établir sur toutes les directions que l'armée aurait pu prendre pour pénétrer dans l'intérieur du pays. Elles formaient un système complet, bien agencé et disposé très-judicieusement de la manière suivante : à partir de la plaine de l'Alava, elles interdisaient l'entrée de la Biscaye, du côté de Murguia; à Villareal de Alava, elles commandaient les vallées de Arratia, de Aramayona et les hauteurs de San-Antonio de Urquiola; au port de Arlaban, elles gardaient la route du Guipuzcoa, et à Salvatierra, elles fermaient l'entrée de la Burunda; sur les hauteurs et le port de Azaceta, elles défendaient le passage par la Navarre; sur les monts de Vitoria et le port de San-Vicente, elles couvraient le comté de Treviño. Elles étaient organisées de manière à protéger la Biscaye, depuis la vallée de Mena par la sierra Salvada, et à barrer l'entrée de la vallée du Nervion; dans la Rioja Alavaise, elles interceptaient l'accès des ports de Herrera, le passage étroit de la Poblacion et les ports de Bernedo; en Navarre, elles dominaient tous les points par lesquels on peut aborder Estella et passaient par la sierra de San-Gregorio, par les flancs du Montejurra, la ligne de partage des eaux entre l'Iranzu et le Salado, par les monts du Guirguillano, les hauteurs de Belazcoain, la peña de Echauri jusqu'à la vallée de Goñi par las dos Hermanas et le port de Velate. Un grand nombre de batteries les appuyaient, et il faut avouer que les unes et les autres étaient établies d'une manière parfaite.

Comme on le voit par ce qui précède, cette guerre mérite une étude toute spéciale au point de vue de l'application qui peut être faite du système des abris. Dans l'hypothèse d'une agression venant de l'étranger, notre pays peut être envahi par un ennemi puissant; la configuration de notre sol nous offrirait alors de très-fortes positions qui nous permettraient, grâce aux nouvelles armes à feu, de résoudre complétement le problème d'une guerre de cette nature : d'opposer peu de monde à des assaillants nombreux, et de rétablir ainsi l'équilibre dans le combat en annulant leur supériorité numérique par l'emploi rationnel des ressources du terrain. En construisant sur les excellentes lignes de défense qu'offre notre sol accidenté, de quelque côté que l'adversaire se présente, des retranchements de ce genre, dont le résultat est de neutraliser les terribles effets de l'artillerie et de briser l'offensive tactique de l'infanterie; en opposant aux mouvements stratégiques d'un ennemi manœuvrier et habile un formidable ensemble d'ouvrages et de batteries qui les protégent, nous multiplierions les difficultés sous ses pas, et peut-être lui infligerions-nous la leçon que nous a valu notre courageuse mais imprudente ardeur à nous précipiter sur de semblables obstacles. Tel est l'énoncé du problème dont nous ne pouvons en ce moment étudier longuement les données ni rechercher la solution. Les carlistes y ont réussi complétement; comme le nombre des tranchées qu'ils avaient construites était très-considérable, ils n'occupaient que celles qui s'opposaient directement à la marche de l'assaillant, en dirigeant sur lui des feux de face et de flanc. Lorsqu'une puissante artillerie battait sans relâche quelques-unes d'entre elles, ils en sortaient aussitôt pour se blottir dans les tranchées voisines moins exposées à sa redoutable action, et ils exécutaient ce mouvement avec tant d'adresse, que la connaissance de leur système, aidée par une grande attention, permettait seule de saisir leur manœuvre. Homme par homme et se glissant à couvert derrière les rochers et les broussailles, ils évacuaient les abris dangereux pour gagner ceux qui leur offraient une sécurité momentanée, soit en arrière, soit sur les flancs. Dès qu'ils s'apercevaient que les troupes se préparaient à attaquer les premières, croyant leurs feux éteints et leurs défenseurs en retraite, ils les réoccupaient rapidement et de la même manière, s'y dissimulaient sans donner signe de vie, laissaient nos tirailleurs s'approcher jusqu'à trois ou quatre cents mètres, et les recevaient par une décharge soudaine. Parfois, sans abandonner leur place, ils se bornaient à suspendre leur tir, et dès que notre infanterie, trompée par leur silence, se portait en avant, ils l'accueillaient par un feu nourri ou par des salves meurtrières. Le temps ne leur manquait jamais pour changer d'abri, puisque les troupes qui les attaquaient ne pouvaient se trouver au début de l'engagement qu'à mille à quinze cents mètres, distance nécessaire pour ne pas souffrir de leur feu; pendant qu'elles la franchissaient, ils choisissaient les endroits qui leur paraissaient les plus convenables pour repousser l'assaillant. Afin de leur faciliter ces déplacements rapides, on ne leur donnait point de provisions de cartouches dans les tranchées; on jugeait préférable de relever les combattants à des intervalles plus ou moins longs, suivant l'intensité du feu qu'ils avaient à fournir. Ce mouvement s'exécutait, comme nous l'avons dit, en se faufilant homme par homme derrière les rochers et les broussailles; dans quelques circonstances seulement, ils construisirent des chemins couverts. En terminant l'étude que nous venons de faire des retranchements dont les carlistes ont sillonné toutes leurs positions, nous appelons l'attention sur l'importance qu'ils ont eue et sur les avantages que leur emploi méthodique est susceptible de procurer.

Dans la guerre civile de Sept ans, l'armée rebelle du nord fit quelques incursions dans la Castille et jusque dans l'Andalousie et l'Estramadure; aucune ne réussit : toutes les colonnes revinrent à leurs points de départ, bien qu'elles fussent commandées par des chefs de grande valeur, tels que Gomez, Larrateguy, etc., sans avoir atteint le but qu'elles se proposaient et qui consistait à allumer l'insurrection dans ces provinces. Avec les armes lisses, se chargeant par la bouche, ces expéditions étaient possibles, quoique le plus souvent elles ne produisissent pas de résultats; mais avec l'armement actuel, elles sont tout à fait impraticables et échoueraient misérablement en quelques jours. Les colonnes trouvaient alors partout de la poudre ou les substances nécessaires pour la fabriquer et du plomb pour fondre les balles; aujourd'hui, il faut qu'elles cherchent et rencontrent dans les contrées qu'elles envahissent de grands dépôts de munitions, ce qui n'est guère probable, ou qu'elles en traînent avec elles une quantité considérable, ce qui est matériellement impossible : on s'en rendra compte aisément par les calculs suivants. Nos troupes sont pourvues de quatorze paquets de cartouches, soit cent quarante par homme, nombre maximum dont on puisse charger le soldat, qui porte en outre dans son sac ses effets de petit équipement, deux rations de pain et de vivres de campagne. Chaque compagnie possède quatre caissons de réserve, à dos de mulet, contenant quatre mille cartouches, et, malgré cette précaution, il y a des bataillons qui, dès le début de l'action, gaspillent leurs munitions et que, pour ce motif, on est forcé de relever ou de réapprovisionner au parc mobile; il ne sera donc pas exagéré d'en conclure que, dans un combat dont la durée est de quatre heures, le minimum des coups tirés par chaque soldat peut être évalué à deux cents.

Supposons que les carlistes aient cent cinquante cartouches par homme, et admettons, pour simplifier les calculs, qu'ils consomment seulement cette quantité dans la première affaire et deux cents dans chacune des autres; admettons également que la colonne refuse constamment de combattre ensuite, nécessité qui s'impose à elle, et qu'elle ne porte de munitions de réserve que pour cinq engagements en sus de celles dont chaque soldat est chargé, on voit qu'il lui faudra mille cartouches par homme (1). Si la colonne se compose de six bataillons de cinq cents fusils, son parc mobile doit conduire trois millions de cartouches, soit trois mille

---

(1)   150 pour le premier combat.
      200 $\times$ 5 pour les suivants.

Total. 1,150, desquelles il convient de déduire 150 cartouches
       150   que chaque soldat doit porter avec lui.

Reste. 1,000.

caissons exigeant quinze cents mulets, chaque charge étant de deux caissons pesant environ sept arrobes castillanes (1). Il est inutile de calculer le nombre des voitures qui seraient nécessaires; en effet, la colonne ne peut marcher ni par des routes, ni par des terrains plats, mais suivre sans cesse la partie la plus accidentée de la contrée, car ce n'est qu'à cette condition qu'il lui sera possible de se soustraire à l'action de la cavalerie.

Pour que ces sortes d'expéditions réussissent, il faut que chaque fraction des troupes qui y prennent part ait une grande légèreté, fasse de longues marches et contre-marches afin d'éviter la poursuite de l'ennemi et de le tromper; qu'elle suive constamment les terrains montagneux et coupés, qu'elle ne se hasarde dans la plaine qu'inopinément et n'y fasse que de rares apparitions pour y prendre des subsistances. Dans des circonstances semblables, le pays ne se soulèvera point, et la guerre civile, unique but de ces expéditions, ne saurait s'y allumer. Une colonne de six bataillons qui, pour ses munitions seulement, exige l'emploi de quinze

---

(1) L'arrobe est un poids de 25 livres de 16 onces.

cents mulets, perd par ce seul fait la qualité qui lui est avant tout indispensable, c'est-à-dire sa mobilité; ses marches ne peuvent être que courtes et embarrassées; elle s'allonge démesurément quand elle défile par les sentiers étroits de la montagne, et ce grave inconvénient la rend facile à atteindre et à détruire.

En admettant qu'il n'y ait dans les autres armées ou dans les autres provinces aucune force disponible à lui opposer directement, on pourrait distraire de cette même armée du nord des détachements que les voies ferrées transporteraient en très-peu de temps au point convenable pour commencer contre elle une poursuite active et incessante; mais le chef de ces troupes doit toujours avoir pour règle de ne jamais livrer de combats sérieux et meurtriers en cherchant à les rendre décisifs. Si la colonne ennemie suit le pays plat, la cavalerie accourt, l'oblige à ralentir sa marche et donne le temps à l'infanterie d'arriver. Le rôle de celle-ci, en plaine aussi bien qu'en terrain accidenté, consiste à arrêter les insurgés, à leur faire consommer leurs munitions dans des engagements sans résultats immédiats, il est vrai, mais qui ont l'inestimable avantage d'économiser le sang des soldats. Ceux-ci doivent toujours combattre en s'abritant, et se bien persuader qu'en procédant ainsi, au bout de très-peu de temps, la colonne ennemie sera forcée de se dissoudre ou qu'elle sera battue et faite prisonnière.

Avec les nouvelles armes à feu, nous le répétons, les expéditions de ce genre sont impossibles, et la raison en est facile à comprendre. Nos troupes font une consommation de munitions réellement alarmante pour le général qui les commande; tous les ordres que l'on donne, toute la surveillance qu'on exerce, toute la sévérité qu'on déploie ne produisent que bien peu d'effet, et ce mal ne saurait beaucoup s'atténuer, car il tient surtout à notre caractère national et aussi à l'instruction insuffisante de notre soldat. Son frère, le carliste, se comporte exactement de la même manière, et fait de ses cartouches un gaspillage extraordinaire. Aussi le chef qui a la mission de poursuivre une colonne dans ces conditions doit-il s'attacher avant tout à lui faire brûler ses munitions en épargnant les siennes; s'il y parvient, la destruction de l'ennemi est assurée.

# CHAPITRE VI.

ARMÉE LIBÉRALE. — ARMÉE CARLISTE. — LEUR ORGANISATION. — SITUATION RESPECTIVE DES BELLIGÉRANTS. — RÉFORMES NÉCESSAIRES.

Lorsqu'au mois de mars 1872 l'insurrection carliste éclata dans les provinces basques et la Navarre, notre armée ne réunissait aucune des conditions nécessaires pour la maîtriser promptement ; elle n'avait ni les effectifs suffisants ni une organisation assez perfectionnée pour lui permettre de passer rapidement du pied de paix au pied de guerre. Il suffit cependant de quelques bataillons, nous dirons plus, de quelques cadres de bataillon, pour en venir à bout. On n'en put réunir plus de vingt, même en dégarnissant les points importants de la péninsule et des îles Baléares, encore n'étaient-ils point outillés pour entrer en campagne, car ils n'avaient aucun matériel, et tous les autres éléments qui constituent les armées modernes leur faisaient également défaut. Il fallut procéder comme on l'avait fait pour l'expédition d'Afrique, comme on le fait toujours dans notre pays : on créa tout, on improvisa tout.

Pendant la paix, nous vivons au jour le jour, sans nous préoccuper de l'avenir, et nos législateurs en profitent pour donner libre carrière à cette manie, qui semble être une affaire de mode et que l'on considère comme l'expression du patriotisme le plus convaincu. Ils réclament à grands cris et réalisent avec empressement des économies sur l'armée, sans songer que, réduite à des effectifs dérisoires, elle cesse de mériter ce nom dans le sens qu'on y attache chez toutes les nations de l'Europe, et ne peut plus être considérée que comme une agglomération plus ou moins considérable d'hommes pourvus d'armes quelquefois abandonnées depuis longtemps par les autres pays, sans parcs, sans réserves, en un mot, sans organisation convenable pour entrer en campagne.

Il était urgent néanmoins de commencer immédiatement les opérations dans les provinces basques, et de les conduire avec rapidité et avec décision pour y détruire l'insurrection dans son germe : en lui donnant le temps de croître et de se développer, on pouvait craindre de voir se renouveler ce qui s'était produit en 1833, époque à partir de laquelle elle se prolongea pendant sept ans. Dès le début, l'armée fut organisée en brigades et en divisions, dotée d'un personnel sanitaire et administratif et pourvue du matériel bien modeste dont on pouvait disposer; on arriva ainsi à donner aux bataillons, au fur et à mesure qu'on les recevait, des fusils se chargeant par la culasse, en échange des armes d'ancien modèle. Ces mesures préliminaires, dont une armée bien organisée n'a point à se préoccuper, parce qu'on y a consacré les loisirs de la paix, eurent pour conséquence de faire traîner en longueur une guerre qui, comme toutes les luttes civiles, n'était à son origine qu'une guerre de guerrillas et exigeait, par conséquent, pour être promptement terminée, une incessante poursuite et une mobilité continuelle. Les hommes qui réclament des économies intempestives sur l'armée, ceux qui les poussent inconsidérément jusqu'aux dernières limites peuvent, pour se rendre compte du mal que leurs réformes ont causé, calculer ce qu'il en coûte à l'État, à l'agriculture, au commerce et à l'industrie, d'argent et, ce qui est plus grave, de sang répandu, lorsque, faute des moyens suffisants pour les mener à bonne fin, les guerres se prolongent au delà de la durée normale qu'elles comportent! Encore ne faut-il pas perdre de vue que dans les deux dernières que nous avons soutenues, nous avons eu tout le temps nécessaire pour nous organiser et pour nous préparer à les faire; mais si la campagne s'était ouverte contre une puissance étrangère, dans des circonstances où il s'écoule habituellement quelques jours à peine entre la déclaration de guerre et le commencement des hostilités, notre territoire aurait pu être envahi et occupé militairement avant que nos bataillons disséminés se fussent réunis pour essayer un semblant de résistance. Seules, les armées bien organisées et bien conduites obtiennent de grands succès, et personne n'ignore que dans la guerre franco-allemande, c'est par l'admirable organisation des Prussiens, autant que par le savoir et l'intelligence de leurs généraux, que les Français ont été vaincus.

Fort heureusement pour nous, la direction que les carlistes donnèrent à l'insurrection de 1872 fut la moins rationnelle qu'ils pussent adopter. Le plus sûr moyen de provoquer un soulèvement dans le pays, c'était d'y faire la guerre de partisans avec des bandes nombreuses, pour que les troupes n'eussent pas d'objectif déterminé, qu'elles se fatiguassent par des marches longues et pénibles auxquelles le soldat n'était pas habitué et auxquelles il aurait fini par succomber. Les carlistes ne procédèrent point ainsi : une foule de jeunes Navarrais et de Basques avaient répondu à l'appel; il en était de même, quoique en nombre moindre, des Alavaisiens et des Guipuzcoans. L'entrée de don Carlos en Espagne fut un malheur pour sa cause; dès qu'il arriva en Navarre, il voulut avoir une armée, en forma le noyau avec les indigènes de cette province, mal organisés, mal armés, et se mit à sa tête.

Sans se préoccuper momentanément des Basques, qui s'étaient réunis également, nos troupes opérèrent en premier lieu contre les Navarrais, chez lesquels il importait avant tout d'étouffer l'insurrection, et malgré leur résistance opiniâtre, les battirent complètement et les mirent en déroute dans le combat d'Oroquieta, à la suite duquel don Carlos fut obligé de se réfugier en France.

Laissant un peu de monde en Navarre pour

achever de disperser les partis qui y tenaient encore, l'armée se porta sur la Biscaye et écrasa à Mañaria les Basques et les Guipuzcoans, malgré les fortes positions qu'ils avaient choisies. Le convenio de Amorovieta mit fin à ce soulèvement : quoique cet acte politique ait été très-diversement apprécié, nous croyons fermement qu'en raison de la situation dans laquelle le pays se trouvait à ce moment, il fut à la fois très-rationnel et très-avantageux.

L'armée revint ensuite en Navarre, où, sur ces entrefaites, les partis avaient pris de la consistance, et où il s'était formé un groupe d'une importance assez grande non-seulement par le nombre des adhérents qui le composaient, mais encore par le prestige du chef qui le commandait. Pendant l'été, on parvint à le dissiper complétement, ainsi que quelques autres moins considérables; on put envoyer également quelques bataillons en Catalogne, où l'insurrection continuait, et dès le mois d'octobre, comme il n'existait plus un seul carliste armé dans les provinces basques et dans la Navarre, l'armée fut dissoute.

L'incendie était maîtrisé, mais il n'était pas éteint : des personnes dont la mission sur la terre devrait être toute de paix et de mansuétude, et qui ne songeaient dans ces tristes circonstances qu'à souffler la discorde, la haine et la vengeance, continuaient à prêcher la révolte ouvertement ou d'une manière occulte et ne donnaient aucune trêve à leurs intrigues. D'autres, au contraire, dans un but plus louable, employaient toute leur influence pour éloigner les provinces du nord d'une rébellion qui, sans aucune chance de succès, pouvait compromettre leurs institutions. Ces conseils si prudents ne trouvèrent aucun écho chez une population complétement fanatisée par l'idée religieuse dont les instigateurs du mouvement se faisaient adroitement une arme.

Dans les premiers jours de 1873, ces provinces se soulevèrent de nouveau, et plusieurs bandes se formèrent dans la Navarre et le Guipuzcoa. Le gouvernement décréta une seconde fois la formation de l'armée du nord, mais en la constituant avec des effectifs si faibles que l'on ne pouvait même en attendre l'occupation des points les plus importants. Quoi qu'il en fût, une poursuite active commença, et vers la mi-février, lorsque la république fut proclamée, les Guipuzcoans avaient été battus à Aya, et les Navarrais, cernés dans l'Amezcoa et réduits à environ deux mille hommes seulement, se trouvaient dans une situation très-critique.

A la suite de la révolution qui venait de s'accomplir, les généraux et les officiers supérieurs qui commandaient les troupes furent relevés de leurs emplois. L'indiscipline et l'insubordination qui s'introduisirent à ce moment dans les rangs, sans atteindre toutefois dans l'armée du nord le degré d'intensité auquel elles arrivèrent dans celle de Catalogne; les discours de toute sorte, les harangues de personnes qui paraissaient les plus intéressées au maintien des principes sans lesquels on ne peut concevoir l'existence de la force armée et encore moins obtenir la victoire; enfin, le plan défectueux qui fut adopté pour les opérations, amenèrent les défaites de Udate et de Erraul, qui nous coûtèrent une partie de notre artillerie et un assez grand nombre de prisonniers. En même temps, la reddition de quelques forts et en particulier celle d'Estella, livra à nos adversaires des pièces, des munitions et des fusils perfectionnés.

Les récits de ces triomphes, exagérés autant

qu'il était possible par les partisans du carlisme, le spectacle de ces canons traînés comme des trophées dans les principaux centres de population, les excitations et les discours violents par lesquels on exaltait l'idée religieuse, répandirent dans ces masses un fanatisme presque sauvage qui respirait la haine de tout ce qui n'était pas carliste et l'ardent désir de l'anéantir. Les partisans de cette cause se multipliaient au fur et à mesure que le nombre de nos soldats diminuait, et notre faible armée fut bientôt réduite à la douloureuse nécessité de se mettre sur la défensive.

Quelque temps après, un changement opéré dans la politique envoya à l'armée du nord (si l'on peut donner ce nom à trente bataillons d'un effectif si restreint, que peu d'entre eux comptaient quatre cents combattants et qu'aucun ne dépassait ce chiffre) des généraux et des officiers supérieurs dont le premier soin fut de rétablir la discipline ébranlée. Ils arrivèrent à ce résultat sans avoir recours à des châtiments sévères, et l'on ne s'en étonnera point si l'on connaît le caractère de notre soldat. Il était dans le plus complet dénûment; sa solde de deux pesetas (1), qu'il touchait auparavant, se réduisit à deux réaux (2), qui ne lui étaient pas toujours régulièrement payés; il recevait en outre une ration de vivres de campagne : ses vêtements, usés par un long service, étaient arrivés à un tel état de délabrement, qu'il fallut en couper les pans pour mettre des pièces au corps; beaucoup n'avaient point de pantalons d'uniforme, aussi fut-on obligé de tolérer tous ceux qu'ils pouvaient se procurer; enfin, les uns avaient des capotes, les autres des habits ou des tuniques. Dans ces conditions déplorables, vingt-deux de ces bataillons se portèrent dans le mois de septembre à Vitoria, à Tolosa, à Pampelune et à Puente la Reina, sans rencontrer de résistance ni d'obstacle sérieux de la part de l'ennemi. Les forces navarraises et alavaises cherchèrent à s'opposer à leur marche sur Estella et leur livrèrent un combat acharné dans lequel nos soldats, naguère indisciplinés et manquant encore de tout, se battirent admirablement et délogèrent les carlistes de toutes leurs positions. Ceux-ci n'étaient plus à ce

---

(1) 2 fr. 32.
(2) 0 fr. 58.

moment ces bandes sans instruction et mal armées qui fuyaient toujours à la vue de nos troupes. Ils présentèrent dans ce combat des bataillons organisés, bien pourvus d'armes de modèles nouveaux et avec de l'artillerie, peu nombreuse, il est vrai, puisqu'elle consistait en quelques pièces qu'ils nous avaient prises; en un mot, ils avaient une véritable armée, et la guerre devenait régulière.

Maîtres absolus de presque tout le territoire des quatre provinces, ignorant le nombre des habitants qui prenaient volontairement les armes et celui qu'ils pouvaient mettre sur pied, ils décrétèrent, suivant l'usage, la levée générale des individus compris entre deux âges déterminés, qu'ils fixèrent de façon à englober tous les hommes valides de dix-sept à quarante ans.

Beaucoup d'officiers supérieurs et subalternes étaient passés des rangs de notre armée dans les leurs et leur furent d'un grand secours pour organiser et instruire les recrues qu'ils habillaient, armaient et équipaient au moyen des ressources de toute nature qu'ils recevaient continuellement de l'étranger. La création de commandants d'armes dans toutes les localités soumises à leur autorité, établissait dans ces centres une administration draconienne qui leur procurait les sommes nécessaires pour l'entretien de leurs troupes et faisait rentrer avec la plus rigoureuse exactitude toutes les réquisitions qu'ils frappaient.

Bientôt, le nombre de leurs soldats s'accrut dans des proportions considérables : au milieu de 1874, ils reçurent des canons de divers systèmes, tous perfectionnés, et à la fin de cette même année, ils ne comptèrent pas moins de quatre-vingts pièces attelées et servies régulièrement. Le licenciement du corps de l'artillerie leur avait donné des officiers supérieurs et subalternes d'une aptitude incontestable, qui contribuèrent non-seulement à créer et à organiser leurs batteries, mais encore à monter et à faire fonctionner des fabriques d'armes, de munitions de toute espèce, des ateliers de réparations, des fonderies et des arsenaux à Eybar, Elgoibar, Plasencia, Azpeitia, Vera, Arteaga, Echarri-Aranaz, etc. A cette époque, l'impartialité nous fait un devoir d'en convenir, leur armée valait la nôtre, et s'ils avaient possédé un véritable général, capable de les diriger, il n'y a aucun doute qu'ils ne fussent entrés victorieux à Madrid. Mais, s'ils n'avaient pas de chef doué des qualités nécessaires pour les conduire à d'éclatants succès en mettant à profit les chances favorables que lui offrait la démoralisation de nos troupes, ils ne manquèrent pas d'excellents organisateurs, très-expérimentés, qui, en peu de temps, transformèrent ces bandes confuses de paysans en bataillons aguerris. Ils ne retrouvèrent plus l'occasion qu'ils avaient laissé échapper : lorsqu'on recommença à appliquer la loi et les règlements dans nos troupes et à y introduire, par conséquent, la subordination; quand on en promulgua cinq autres pour renforcer et nourrir nos bataillons épuisés, qu'on les campa et qu'on les vêtit régulièrement, il était déjà trop tard pour que la victoire pût désormais passer du côté des carlistes : ceux du nord ne pouvaient plus songer à franchir l'Èbre pour tomber dans l'intérieur de la péninsule.

Notre armée était bien démoralisée; elle était bien insuffisante à tous les points de vue pour maîtriser complétement et avec rapidité cette insurrection formidable, mais elle était loin encore de l'état où nous la vîmes tomber depuis. D'absurdes théories, disons plus, des aberrations incompréhensibles chez des militaires et même chez des hommes quelque peu instruits et expérimentés, telles que la formation à notre époque d'armées exclusivement formées de volontaires appelés pour la durée d'une campagne : la suppression de la conscription et celle du service obligatoire pour tous, la rendirent, de toutes façons, complétement incapable de continuer les opérations.

Les bataillons de volontaires qui se constituèrent avec plus de bonne volonté que de succès, ne produisirent que le résultat auquel on devait s'attendre avec des troupes de cette espèce; il fut nul ou à peu près. Quelques-uns s'organisèrent en Andalousie, mais ils ne dépassèrent pas Burgos, où l'on fut obligé de les dissoudre. Pouvait-il en être autrement? Alors que toutes les nations de l'Europe augmentent l'instruction de leurs troupes, créent des écoles et des académies dans lesquelles leurs officiers viennent puiser des connaissances plus étendues, nous semblons croire que pour faire la guerre aucun savoir n'est nécessaire, et nous donnons les emplois de chefs et d'officiers de ces corps bien improprement appelés bataillons, à des individus qui n'ont jamais été militaires, et qui n'ont d'autres titres à ce choix qu'un peu d'influence et de crédit!

Notre caractère généralement peu analytique, et d'autres causes que nous passerons sous silence, contribuent à accréditer chez nous cette opinion que, pour commander les troupes, même dans les grades inférieurs de la milice, il n'est pas besoin de présenter certaines conditions d'instruction et d'aptitude, comme si les hommes pourvus de ces emplois subalternes n'étaient pas appelés, avec le temps, à commander en chef les armées, et comme si la vie de milliers d'hommes, le sort et l'honneur du pays, ne dépendaient pas d'eux! Cette manière de voir paraît s'appliquer également à ceux qui occupent les postes les plus élevés, car il arrive très-fréquemment que pour les promotions, même en temps de guerre, on fait valoir les considérations de personnes beaucoup plus que les conditions d'aptitude, d'intelligence et de savoir, quand ce sont précisément ces qualités qui devraient être les premières et les plus essentielles chez les hommes destinés à commander les troupes et à diriger la guerre d'après les procédés nouveaux.

Après des essais qui ne produisirent, comme il fallait s'y attendre, que des effets désastreux, on se décida à entrer enfin dans la seule voie capable de nous donner des soldats. Tous les jeunes gens compris entre deux âges déterminés furent appelés sous les drapeaux; les officiers supérieurs et subalternes de l'artillerie, dont le licenciement avait eu des suites funestes, revinrent à leur corps, et l'on commença à créer et à organiser les services les plus nécessaires à l'armée, sans la placer pourtant encore dans des conditions entièrement satisfaisantes, parce que toutes les améliorations se réalisèrent avec une précipitation qui était la conséquence de la situation, et que l'on ne disposait pas du temps convenable pour procéder avec soin aux études préliminaires.

Quant à nos jeunes officiers et à nos soldats improvisés, les uns sortis des académies où ils n'avaient pu qu'effleurer à peine les parties les plus élémentaires du métier, les autres incorporés dans les bataillons sans la préparation convenable, ils ne possédaient certainement aucune des qualités qui doivent distinguer les membres d'une armée régulière. Celle des carlistes était arrivée à un degré de perfection dont se rendaient compte ceux-là seuls qui la connaissaient. L'opinion s'était complétement égarée sur ce point; on ne supposait pas que don

Carlos eût dans le nord des bataillons aguerris; on disait et l'on était persuadé que c'étaient des hordes confuses, composées de prêtres et d'enfants, et que la présence de nos soldats dans l'intérieur du pays suffirait pour les disperser comme le vent dissipe un nuage de fumée. Mais ce n'a pas été la seule croyance erronée; on a caressé l'idée qu'avec des mesures politiques d'un caractère diamétralement opposé, suivant le parti qui était au pouvoir, les carlistes déposeraient les armes, et l'on avait, ou du moins l'on paraissait avoir une telle confiance dans ces procédés, que les événements ont seuls pu désillusionner les gens imbus d'aussi lamentables erreurs. Pendant ce temps, on négligeait les véritables moyens de terminer une guerre aussi désastreuse pour le pays, c'est-à-dire l'organisation des bataillons et une direction rationnelle.

Les carlistes occupant les quatre provinces du nord, opéraient toujours du centre à la circonférence, tandis que nous agissions toujours en sens contraire. Pour s'opposer à nos mouvements offensifs, ils suivaient un rayon de cette circonférence ou bien la corde d'un arc concentrique par rapport à celui sur lequel s'exécutait notre marche; il en résultait nécessairement qu'aidés par un adroit espionnage et des renseignements précis qui ne leur ont jamais fait défaut, ayant l'avantage du chemin le plus court, ils arrivaient toujours en temps utile sur le point menacé et se trouvaient dans les conditions les plus favorables pour tenir tête à notre attaque. Pendant que nous étions obligés de faire protéger nos lignes par des troupes assez nombreuses pour en garantir la sécurité, ils se bornaient à laisser à quelques détachements le soin de surveiller leurs tranchées et leurs autres ouvrages de défense, se reposant pour tout le reste sur la coopération puissante et décidée du pays, qui les tenait constamment au courant de nos moindres déplacements. Leurs fabriques, leurs arsenaux et leurs magasins, établis dans l'intérieur de la contrée, n'exigeaient ni garnisons ni autres moyens de protection; l'emplacement qu'ils occupaient suffisait pour les mettre à l'abri de nos atteintes. Comme ils n'avaient rien à garder, toutes leurs troupes étaient disponibles pour prendre part aux opérations et marcher avec rapidité vers un objectif donné ou pour s'opposer à nos entreprises.

Les carlistes, fort heureusement pour nous, n'ont pas profité de tous les avantages qu'ils pouvaient tirer d'une semblable situation ; ils ne nous ont jamais inquiétés par des mouvements fréquents et des alertes continuelles qui auraient imposé à nos troupes une exacte et pénible vigilance ; ils n'ont jamais, à la faveur de démonstrations multipliées, tenté un coup hardi sur nos lignes ni essayé de les prendre à revers en les traversant. Notre cavalerie les intimidait, et ils ne se sont jamais servis de la leur pour pousser des pointes ou pour nous surprendre ; ils l'ont employée uniquement au service d'exploration et de sécurité, conformément aux principes de la guerre moderne. Probablement, ils n'avaient qu'une confiance très-limitée dans la solidité de leur infanterie et n'osaient la conduire en plaine, où elle aurait été forcée de recevoir le choc de la cavalerie, en restant en ligne, ordre souvent nécessaire aujourd'hui dans certains cas pour utiliser tout son feu et qui constitue ainsi pour elle un moyen essentiel de défense contre la cavalerie, en même temps qu'il rend moins efficaces les effets de l'artillerie.

La qualité de leurs soldats ne permettait pas d'opérations de cette nature, dont le résultat aurait été de répandre constamment l'inquiétude dans nos lignes s'ils les avaient attaquées tantôt sur un point, tantôt sur l'autre, ce qui leur était facile en raison de l'ignorance absolue dans laquelle nous étions de leurs mouvements et de la promptitude qu'ils pouvaient mettre dans leur exécution. A défaut de succès importants, elles leur auraient procuré certainement des avantages moraux, et en particulier celui de tenir sans cesse nos troupes en échec et dans l'impossibilité de rien entreprendre; les carlistes, en un mot, sont toujours restés sur la défensive absolue, tandis que leur attitude, à notre avis, aurait dû être la défensive offensive.

Lorsque nos troupes pénètrent tant soit peu en pays ennemi en suivant seulement l'intérieur de nos lignes, leur mouvement s'effectue lentement, et il doit en être ainsi, forcées qu'elles sont de prendre mille précautions pour ne pas être surprises; il leur faut reconnaître tous les accidents du terrain et les occuper jusqu'au complet écoulement de la colonne. Après une marche aussi pénible, le service de sûreté exige la moitié de leur effectif; il en résulte que ces mouvements ne peuvent être aussi rapides que le réclame une pareille guerre. Lorsqu'ils deviennent indispensables, le général doit user de toutes les ruses imaginables pour tromper l'ennemi, pour lui faire supposer qu'ils s'exécuteront dans le sens diamétralement opposé à celui qu'on se propose de suivre. Outre ces inconvénients, notre soldat, en route, est chargé de son sac, de rations pour plusieurs jours et d'une quantité excessive de munitions; si l'on défalque le poids des rations, la charge totale comprenant le sac, l'armement, avec cent quarante cartouches, ne pèse pas moins de soixante livres.

Les carlistes, au contraire, marchent avec leur armement et leurs munitions seulement, sans s'astreindre à fournir de longues et pesantes colonnes, par bataillon, souvent même par compagnie, en suivant tous les chemins, quels qu'ils soient, sans précaution d'aucune espèce, parce qu'ils opèrent chez eux, au milieu d'habitants amis qui leur servent d'espions et leur fournissent toutes les informations dont ils ont besoin. S'il s'agit pour eux de porter une brigade ou une division d'un point à un autre, ce mouvement s'exécute par fractions, en indiquant seulement à chacune d'elles le jour et le lieu du rendezvous. Cette troupe prend alors, avec le calme et la tranquillité du temps de paix, le chemin qui lui est assigné ou celui qui lui paraît le plus commode. Si la route suivie se trouve dans le voisinage de l'ennemi, les gens de tous les villages situés sur le parcours, les paysans occupés dans les champs à leurs travaux, donnent tous les renseignements qu'ils possèdent, servent de guides s'il est nécessaire, et, en arrivant dans la localité où ils doivent passer la nuit, les soldats trouvent le logement préparé, les rations prêtes à être distribuées, et se livrent ensuite au repos avec une entière sécurité, parce que tous les habitants, sans distinction de sexe ni d'âge, sont autant de sentinelles avancées et d'explorateurs veillant sur eux.

Nos colonnes, au contraire, rencontrent régulièrement les localités abandonnées ou n'y découvrent que des vieillards et des enfants; elles sont forcées de tout porter avec elles, parce qu'avant leur départ les habitants détruisent les fontaines et jusqu'aux mares du village: après l'avoir quitté, ceux-ci rôdent sur tout le pourtour et cherchent à tomber à l'improviste sur nos sentinelles et à les égorger s'ils le peuvent. Ceux qui, en très-petit nombre, ne s'éloignent point, espionnent adroitement nos troupes pour avertir l'ennemi, toujours établi dans le voisinage, de toutes les négligences qu'ils remarquent, et dans ce cas, elles sont infailliblement surprises. Elles n'obtiennent de nouvelles de l'ennemi qu'en déployant une adresse infinie et en donnant beaucoup d'argent : souvent les partisans des carlistes paraissent les trahir, et apportent des renseignements; malheur à l'officier assez crédule pour y ajouter foi! l'ennemi est immédiatement prévenu, et l'avis donné sert à préparer une embûche.

Si la localité n'est pas abandonnée, le chef, dès qu'il est installé dans la maison qui lui est assignée, peut compter sur un espionnage en règle de la part de toutes les personnes qui l'habitent ou qui y viennent dans ce but sous un prétexte quelconque. S'il s'agit d'une opération pour le jour suivant, derrière chaque porte, chaque rideau même, il se trouve quelqu'un aux écoutes, et cette surveillance occulte ne se relâche ni pendant les repas ni pendant aucune autre circonstance. Dès qu'une indiscrétion est commise, qu'une parole imprudente ayant trait à des projets pour le jour ou les jours suivants est dite, une femme ou une petite fille sort à l'instant du village pour la porter aux partisans qui rôdent dans les environs : peu d'instants après, le chef ennemi le plus rapproché en a connaissance. Si pendant une journée de marche ou pendant une station dans quelque localité, le commandant des troupes s'écarte avec sa longue-vue pour reconnaître le terrain, il peut être certain qu'un œil invisible, celui d'un pâtre ou d'un bûcheron, ne perd pas un seul de ses mouvements, suit la direction de sa lunette et ne laisse échapper aucun des détails de cette simple opération, dont l'adversaire est informé presque aussitôt. Pour tromper cet espion, il faut que l'officier s'applique pendant quelque temps à regarder attentivement le point qui se trouve sur une direction opposée à celle qu'il veut suivre, et qu'il n'examine celle-ci qu'à la dérobée et sans y arrêter son observation. Enfin le son des cloches elles-mêmes avertit les carlistes de l'arrivée ou du départ des troupes.

On voit combien cette guerre exige d'expérience, de tact et de circonspection; aucune précaution, si insignifiante qu'elle puisse paraître, ne doit être négligée : malheur à celui qui n'y attacherait aucune importance!

Le général Mina nous offre pendant la guerre de l'indépendance une preuve excellente de ce qu'il est possible d'accomplir en jouant le rôle de guerrillero. On nous raconte dans sa biographie que, sûr de l'adhésion du pays et de la protection des habitants, il n'éprouva jamais une surprise, bien qu'il eût contre lui dans le nord jusqu'à soixante mille Français commandés par des généraux illustres. Il les battit souvent sans sortir de la zone formée par la Navarre et les provinces basques, et subit rarement un échec. Il avait cependant à lutter contre des troupes parfaitement pourvues de tout, n'ayant point de lignes à garder, auxquelles il importait peu que Mina traversât l'Èbre et gagnât l'intérieur de la péninsule, et qui faisaient la guerre avec toute la rigueur dont on use à l'égard d'un pays étranger que l'on veut soumettre. Malgré toutes ces conditions favorables, ces généraux et ces soldats qui avaient conquis la moitié de l'Europe ne purent parvenir à détruire les guerrilleros, et les réputations les plus solides et les mieux acquises furent anéanties dans cette lutte. Que l'on compare maintenant ce que le général Mina exécuta dans cette guerre si glorieuse pour lui, avec ce qu'il fit dans celle de Sept ans, alors qu'il commandait en chef l'armée libérale. La différence consistait dans cette particularité que, dans la première, tous les habitants étaient ses amis et ses partisans, et que dans l'autre, au contraire, tous étaient ses adversaires. Ses efforts échouèrent contre un pays qui lui était tout entier hostile, et il put juger combien les temps étaient changés lorsque, à Lecaros, il ne trouva personne pour lui indiquer l'endroit où Zumalacarregui avait enterré ses canons, quoique tout le village le sût parfaitement ; il dut, pour y parvenir, avoir recours aux mesures les plus terribles.

L'esquisse que nous avons tracée de la situation de notre armée indique assez combien elle était peu préparée pour passer rapidement du pied de paix au pied de guerre, ainsi que peuvent le faire celles des autres pays de l'Europe ; la guerre se termina heureusement néanmoins, et ce résultat est bien capable d'exciter la surprise et l'admiration. On vit se débander et mettre bas les armes une armée de quarante mille hommes encore intacte, puisqu'elle n'avait essuyé aucune défaite décisive, comptant d'immenses ressources de tout genre, occupant une contrée excessivement accidentée et par suite aussi aisée à défendre que difficile à envahir, et s'éteindre en un seul jour une insurrection si formidable que, malgré toutes les troupes que nous avions rassemblées, elle aurait pu continuer longtemps encore.

L'état de démoralisation des carlistes était extrême. Plusieurs causes y avaient sans doute contribué; mais, au point de vue militaire, la principale était certainement de ne point avoir un général capable de commander et de conduire les soldats de San-Pedro Abanto et de Montemuro. Celui qui se trouvait à leur tête ignorait sans doute beaucoup notre histoire contemporaine; il n'avait probablement pas étudié la guerre civile de Sept ans ni feuilleté l'histoire de Pirala : il y aurait appris que, pour s'opposer à nos opérations et à l'invasion du pays insurgé, il n'avait qu'à copier celles qui s'exécutèrent en 1836, alors que l'infant don Sébastien dirigeait l'armée carliste. Mais loin d'imiter ces concentrations prudentes et habiles que la science prescrit dans de semblables circonstances, les carlistes voulurent être partout à la fois, ne se portèrent en temps utile sur aucun point, et finirent par se laisser enfermer dans l'Ulzama et acculer à la frontière. Dans ces conditions, il ne leur restait plus que deux partis à suivre : se réfugier en France ou mettre bas les armes.

S'il est vrai que les événements du passé doivent servir d'enseignement pour l'avenir, nous considérons comme un devoir patriotique de signaler ce qui faisait notre faiblesse : c'était le petit nombre de nos soldats, leur instruction presque nulle et l'imperfection de notre organisation militaire. Notre système actuel de capitaineries générales et de dissémination des bataillons ne mérite guère ce nom, et n'est conforme à aucun des principes de la science moderne, qui exige que les armées soient organisées pendant la paix comme elles doivent l'être pour la guerre.

Dès que la lutte contre l'Allemagne fut terminée, la France, instruite par ses revers des côtés défectueux de son organisation militaire, s'appliqua à la refondre tout entière. Cette tâche a réussi grâce à l'habileté de ses généraux et de tous les autres membres de l'armée, grâce aussi à l'admirable patriotisme des citoyens, qui ont apporté aux législateurs le concours le plus empressé pour faire aboutir une entreprise d'une importance aussi capitale. Cette nation n'a pas tardé à en recueillir les fruits; nous avons la conviction que son épée pèsera dans la balance européenne tout autant qu'avant ses cruels désastres, et c'est à sa nouvelle organisation qu'elle le devra.

Notre législation militaire est bien imparfaite, il faut l'avouer; elle présente un mélange incohérent de dispositions anciennes et récentes, souvent contradictoires; il en résulte que, dans la plupart des circonstances, on marche à tâtons, sans règles précises, alors que dans tout ce qui concerne l'armée et la milice on ne devrait se guider que d'après des principes fixes et nettement déterminés. Il est absolument nécessaire de la corriger largement, non pas d'une manière hâtive, peut-être irréfléchie et, comme nous en avons l'habitude en beaucoup de choses, sans études préliminaires approfondies, mais en tenant compte de l'expérience de la dernière campagne, pendant laquelle la pratique a fait ressortir avec la dernière évidence les vices de notre constitution militaire, dont l'amélioration doit être la conséquence naturelle des changements introduits dans l'art de la guerre par l'adoption des nouvelles armes à feu.

Tous les corps, toutes les institutions, en commençant par l'état-major général, exigent des modifications radicales. Mais dans ces réformes urgentes, il faut avant tout s'inspirer de cette idée : que rien ne doit être livré à l'arbitraire ou considéré comme de peu d'importance; que toutes les choses, même les plus insignifiantes en apparence, doivent être assujetties à des règles basées sur les principes de la science. Il faut également se bien persuader que toute variation dans ces principes a pour corollaire inévitable des modifications correspondantes dans les règles de la tactique aussi bien dans son ensemble que dans les détails qui s'y rattachent immédiatement ou d'une manière indirecte, et qui tous, jusqu'à l'équipement même du soldat, peuvent en être affectés. La grande consommation de munitions qu'entraîne l'armement moderne rend nécessaire la création de parcs qui suivent les troupes dans leurs différents ordres de combat, avec une mobilité calculée de telle sorte qu'ils puissent accompagner l'infanterie sur toute espèce de terrains. Les transports de ce genre à dos de mulet, formés à la hâte dans la dernière campagne, laissent beaucoup à désirer et réclament un remaniement complet, auquel on pourra procéder en utilisant les éléments que nous possédons.

Une bonne organisation militaire doit avoir pour bases le système du remplacement et la division territoriale du pays. Nous n'avons point de réserves, objet essentiel cependant et dont toutes les nations ont fait une étude spéciale; sans réserves, en effet, aucune d'elles ne pourrait, à un moment donné, appeler sous les armes un nombre de combattants proportionné au chiffre de sa population; la constitution de cette force devient donc une nécessité de premier ordre qui s'impose à nous. Enfin, une réforme radicale doit porter sur le système d'instruction militaire adopté jusqu'ici : le soldat d'infanterie, obligé de combattre aujourd'hui en ordre dispersé, a besoin d'une éducation solide et complète; il possède une arme compliquée pour son degré d'intelligence généralement peu développée, et les qualités mêmes de cette arme la rendent plus nuisible qu'utile entre ses mains s'il n'en sait pas faire un usage convenable, s'il ignore la puissance de ses effets et les résultats considérables qu'on peut en tirer par un emploi raisonné; s'il en use, pour tout dire, comme nos recrues l'ont fait pendant la dernière guerre, tirant beaucoup, sans autre préoccupation que de faire du bruit. Cette tendance, qui prend sa source dans une instruction militaire à peine ébauchée, tient le général dans la crainte continuelle de voir gaspiller entièrement les munitions, et l'expose à rencontrer un échec là où il était en droit d'espérer un succès.

Dans les armées actuelles, le cavalier est l'explorateur, le guide, le gardien et l'appui de la troupe qu'il devance et qu'il couvre : il a besoin de connaissances relativement étendues pour être à la hauteur de la mission délicate qui lui est confiée et dans laquelle il a souvent la liberté d'user de son initiative personnelle. Les officiers des deux armes doivent recevoir une éducation militaire achevée, pour être capables de dresser leurs hommes et pour se préparer ainsi aux exigences du service obligatoire, institution nouvelle pour laquelle l'Espagne n'est pas suffisamment prête, mais vers laquelle elle tend visiblement. Or l'une des premières conséquences de son application est de faire arriver dans les rangs des jeunes gens qui possèdent une instruction très-développée, et nous pensons qu'il est absolument indispensable pour le maintien de la discipline que l'officier possède un savoir au moins égal à celui du soldat. Cette nécessité a été bien vite reconnue et consacrée par tous les pays qui ont adopté ce système; il suffit pour s'en convaincre d'examiner les programmes suivis dans leurs académies et dans leurs écoles militaires.

L'unité dans les méthodes a donné des résultats réellement satisfaisants dans les colléges généraux de notre pays; on n'en pourrait dire autant de la création d'une école distincte par arme, qui a en outre l'inconvénient de coûter fort cher. Il y aurait un grand avantage à unifier, au contraire, à soumettre à un seul règlement et à des programmes identiques tous les colléges ou académies dans lesquels les jeunes gens qui veulent embrasser la carrière des armes, à l'exception seulement des sous-officiers, recevraient l'instruction militaire. Ceux qui désireraient continuer leurs études pour être placés plus tard dans les corps spéciaux, devraient d'abord venir chercher dans un établissement unique l'enseignement commun à toutes les armes et entrer, après l'expiration du temps fixé pour ces études, dans une école spéciale où ils puiseraient l'instruction particulière exigée par le corps auquel ils se destinent. Cette organisation, très-utile, a de plus l'avantage d'être économique et tout à fait propre à faire naître et à stimuler le goût du travail, question d'une importance extrême, dont on paraît se préoccuper bien peu aujourd'hui.

Quelque incomplet que doive être nécessairement l'exposé que nous donnons dans cet ouvrage des considérations relatives à une guerre ou à une campagne, il ne nous est guère possible de ne pas dire un mot de l'avancement et des récompenses, ainsi que des règles qui doivent, à notre avis, présider à leur répartition. Quoiqu'il y ait bien des observations à faire à cet égard, des raisons faciles à comprendre lorsqu'il s'agit d'un sujet si délicat à traiter dans notre pays, nous obligent à beaucoup de discrétion; nous en parlerons néanmoins en passant, parce que cette question est de celles qui intéressent le plus directement la conservation de la discipline dans les troupes, et qu'elle est, pour ainsi dire, la base sur laquelle elle repose. Pour que la discipline (qu'il ne faut pas confondre avec la subordination, comme on a l'habitude de le faire généralement) soit entière dans une armée, il faut que la solution de toutes les questions qui s'y rattachent n'ait d'autre règle que la justice. Si l'application de ce principe est nécessaire en toute circonstance, elle s'impose de la manière la plus absolue lorsqu'il s'agit de l'avancement en temps de guerre : lorsqu'il en est autrement, l'armée cesse bientôt d'être disciplinée, et l'on sait qu'il n'y a qu'un pas, malheureusement bien facile à franchir, de l'indiscipline à l'insubordination.

La répartition des récompenses accordées pendant la dernière campagne n'a pas été faite avec toute l'équité désirable et n'a pas atteint, par conséquent, le but proposé par notre sage règlement, qui est d'entretenir le bon esprit des troupes en donnant à tous cette satisfaction intime qui rend le devoir facile. Le système suivi jusqu'ici est tout à fait défectueux et réclame une réforme urgente et radicale.

## CHAPITRE VII

### DIFFICULTÉS A VAINCRE DANS LA GUERRE CIVILE DU NORD.

Parmi toutes les conditions nécessaires pour résoudre le problème de la guerre, il en est une qui mérite une attention toute particulière ; nous voulons parler d'un service d'espionnage bien organisé. Un général qui connaît la situation des forces ennemies et l'esprit dont elles sont animées, qui possède des renseignements sur les mouvements projetés, compte déjà des données d'une valeur inestimable. Il peut, sans faire de grands efforts d'imagination, s'opposer aux desseins de l'ennemi, le tromper sur les siens et remporter des avantages décisifs. Lorsque, au contraire, quelques-unes de ces données lui manquent, quand il ne sait que peu de chose ou rien sur son adversaire, il se trouve comme un navire sans boussole perdu dans la haute mer ; tout est doute et perplexité pour lui, aucun calcul ne peut lui faire connaître les projets de l'ennemi. Au milieu de ces incertitudes, la marche de ses opérations ne saurait être qu'indécise, et le problème qui lui est proposé impossible à résoudre.

Comme si ce n'était pas assez des difficultés que nous avons exposées précédemment, et qui, dans la guerre civile dont le nord est le théâtre, tiennent à la situation respective des belligérants et à l'attitude ouvertement hostile du pays, il s'en présente encore d'autres que nous allons indiquer. La première est précisément l'absence d'un système d'espionnage bien organisé. L'argent est la base de ce service, dont les agents se recrutent dans toutes les classes de la société, sans distinction de sexe ni d'âge : c'est au ministère de la guerre que doivent aboutir, comme à un centre commun, tous les fils de la vaste trame qui le constitue, et l'état-major général de l'armée est le centre secondaire où ils convergent également.

Dans la dernière guerre, cette ressource nous a fait absolument défaut, et il n'était guère possible qu'il en fût autrement à cause des événements politiques et des changements continuels de gouvernement et de commandant en chef. Ce service si important a donc été réduit à celui que chaque général a pu constituer auprès de lui et dont les résultats ont été nuls, ou du moins très-incomplets : cette circonstance, jointe à l'hostilité déclarée des habitants, n'a permis d'obtenir que très-peu de renseignements, malgré le prix élevé dont on les payait : il est vrai de dire que souvent aussi on manqua des fonds nécessaires pour les acheter. Tant que la guerre fut irrégulière, que les colonnes parcoururent le pays dans tous les sens, on put, par des conversations adroitement conduites avec les habitants des villages, en les traitant avec affabilité, en les flattant, tirer d'eux quelques informations sur l'emplacement et la situation de l'ennemi. Quelques-uns d'entre eux qui pouvaient sans inconvénient s'entretenir en particulier avec les chefs, vendirent leurs confidences; mais dès que la guerre prit un caractère régulier et que les troupes durent évacuer le pays, on rencontra des difficultés considérables à se les procurer. Les carlistes faisaient la guerre avec toute la rigueur qu'elle comporte, et ne connaissaient d'autre règle que les ordres de leurs officiers. Dès qu'un de nos espions, un paysan portant des dépêches, des ordres ou seulement soupçonné d'un délit de ce genre, se laissait prendre, il était immédiatement passé par les armes. S'il en tombait un entre nos mains, on se contentait de l'arrêter, d'instruire son procès dans lequel on ne prouvait généralement rien contre lui, et, quelques jours après, on le rendait à la liberté. Cette impunité avait pour conséquence de faire pulluler les espions dans nos rangs : à l'entrée de nos troupes dans les villages, nos avant-gardes et nos postes de sûreté étaient accueillis par des femmes, qui s'empressaient d'avertir immédiatement l'ennemi de notre arrivée ; on n'en pouvait douter, puisqu'elles allaient jusqu'à compter nos hommes, demandait le nom du chef qui les commandait et recueillaient tous les renseignements qu'il leur était possible d'obtenir. Que pouvait-on contre elles ? Absolument rien. Nous ne croyons pas qu'il nous soit jamais permis d'imiter les procédés cruels des carlistes ; mais nous sommes d'avis qu'on use dans l'avenir de mesures un peu plus rigoureuses que par le passé.

C'est presque dire une banalité que d'émettre cet axiome : que, pour faire la guerre, trois choses sont nécessaires : de l'argent, de l'argent, et encore de l'argent ; or la pénurie du trésor public laissait constamment l'armée privée de cette précieuse ressource. Nous voudrions bien voir les meilleurs généraux de l'Europe qui, dans ces derniers temps, se sont acquis une réputation si justement méritée par leur savoir et leur intelligence, faire la guerre comme les Espagnols l'ont faite, sans argent ou à peu près. On pourrait alors établir avec quelque raison un de ces parallèles dans lesquels on se complaît, lorsque, dans un cabinet confortable, on fait manœuvrer les troupes comme on le désire et qu'on livre sur la carte des batailles décisives sans se préoccuper le moins du monde de la question d'argent ni de bien d'autres éléments indispensables à la guerre. C'est alors, disons-le encore, qu'on pourra comparer deux choses aussi différentes que l'armée prussienne, par exemple, dans laquelle on s'occupe si activement de l'instruction militaire, où l'on récompense si largement le savoir, où tout ce qui touche à l'armée est l'objet d'études si scrupuleuses, où tout est si admirablement organisé, où, enfin, aucune ressource ne fait défaut, et l'armée espagnole, si en retard pour tout, dans laquelle, sans dédaigner tout à fait l'officier studieux, on n'accorde ni attention ni encouragement au travail, où l'on accueille avec une parfaite indifférence toutes les questions qui s'y rapportent, à laquelle tout manque, et dont les généraux emploient à trouver et à réunir des fonds pour payer et souvent pour nourrir leurs soldats affamés, un temps qu'ils devraient consacrer à mille soins de la plus haute importance. En présentant cette triste mais exacte peinture de notre armée et de ses souffrances pendant la guerre, nous ne craignons pas d'être taxé d'exagération, mais nous n'accusons personne; cette situation était la conséquence inévitable de notre état politique, de notre incurie, bien plus encore que du manque de ressources, et nous ferons simplement acte de justice en reconnaissant qu'il n'était guère possible de mieux tirer parti de nos finances que ne l'ont fait les différents gouvernements qui se sont succédé pour arriver à recruter, à réunir et à organiser une armée aussi considérable que celle que nous possédions à la fin de la guerre.

Pour qu'on puisse se faire une idée des obstacles auxquels on se heurtait dans la campagne du nord, nous citerons seulement ceux qu'on a surmontés pour exécuter l'opération la plus rapidement faite et la seule peut-être qui ait été couronnée de succès; nous pouvons en donner tous les détails, car, à cette époque, nous exercions les fonctions de chef d'état-major général.

Tous les renseignements que l'on possédait dans les derniers jours d'octobre 1874 indiquaient que l'ennemi se disposait à mettre le siége devant Irun, place faiblement fortifiée, qu'il était indispensable de conserver néanmoins, non-seulement en vue d'un mouvement ultérieur vers la frontière, mais à cause de l'effet moral que sa perte aurait produit, et aussi parce que le pont de Béhobie et celui du chemin de fer du Nord ayant été interceptés, cette route restait ouverte aux carlistes pour recevoir les ressources immenses qu'ils tiraient de l'étranger.

Après les opérations contre la Rioja Alavaise, toutes les troupes dont on pouvait disposer se concentrèrent sur la ligne de l'Èbre; elles comptaient en tout deux divisions de quatorze bataillons, vingt-quatre pièces de montagne, un escadron de hussards, et se trouvaient à Miranda de Ebro, Cenicero et Briviesca. Dans la matinée du 4 novembre, on fut averti que les carlistes avaient commencé le siége et le bombardement de Irun. Aussitôt, dans les trois stations, on procéda à l'embarquement des troupes; dans la première, cette opération s'exécuta d'une manière régulière : six bataillons et une batterie prirent place dans les wagons. Dans la seconde, celle de Cenicero, qui avait été incendiée par les carlistes comme toutes celles de cette portion de la voie ferrée, il y avait à charger cinq bataillons, trois batteries d'artillerie, l'escadron de hussards, le quartier général, deux brigades de mulets de bât du parc mobile, soit environ neuf cents chevaux ou mulets. L'embarquement se fit sans rampes, sans quais d'aucune espèce, par un temps affreux sous une pluie torrentielle, et fut terminé le lendemain matin à quatre heures, sans avoir eu pendant la nuit d'autres moyens d'éclairage que deux lanternes et quelques chandelles de suif; c'était tout ce qu'on avait pu trouver dans le village. A Briviesca, on n'eut à embarquer que deux bataillons.

Ces troupes, réparties sur trente-trois trains, furent dirigées sur Santander, où, au fur et à mesure de leur arrivée, elles montèrent sur des bateaux marchands, requis à cet effet et qui n'avaient reçu aucun aménagement spécial pour l'installation des animaux et des troupes; on fut obligé de placer les premiers à fond de cale, absolument comme des colis; mais, malgré ces conditions si défavorables, deux ou trois mulets seulement furent mis hors de service dans la traversée de Santander à Saint-Sébastien. Le débarquement s'effectua le 9 dans ce dernier port; le 11 au soir, les troupes entrèrent dans Irun et forcèrent les carlistes à abandonner leurs lignes fortement retranchées et défendues par vingt-quatre bataillons, sous le commandement de don Carlos en personne. Cette victoire aussi rapide que décisive ne leur avait pas causé des pertes matérielles sensibles, mais les résultats moraux en furent considérables; ils avaient été obligés, en effet, de battre en retraite en désordre et presque sans combattre, sur la frontière même, à deux pas de la France, par une petite armée qui ne comptait pas la moitié de leur effectif.

Depuis plusieurs jours les troupes ne recevaient aucune allocation, et dans la caisse de l'armée il n'y avait pas un centime. A leur arrivée à Irun, on n'avait ni solde ni subsistances à leur distribuer; on pouvait bien fabriquer du pain à Saint-Sébastien, et il s'y trouvait également des vivres de campagne, mais on manquait des moyens de transports pour les amener;

les charrettes et les quelques voitures publiques qu'on avait pu trouver étant employées à évacuer les blessés des combats des 10 et 11 que l'on avait trouvés à Renteria, et qu'il paraissait préférable d'envoyer à Saint-Sébastien; elles auraient été d'ailleurs tout à fait insuffisantes pour transporter les subsistances.

On put à grand'peine cuire pendant la nuit, entre Irun et Fontarabie, une ration de pain; mais on ne possédait ni vivres de campagne, ni vin, ni viande; il n'y avait absolument rien. Si l'on n'avait manqué d'argent, on en aurait distribué à la troupe qui, tout près de la frontière, aurait pu sans peine se procurer du vin; on en demanda bien à Bayonne, mais il fut impossible d'en obtenir, parce qu'on n'avait pas de fonds pour le payer comptant. Nous étions victorieux, et nous ne pouvions profiter de la victoire! La journée du 12 se leva tristement avec la pluie dans les vallées et la neige sur les montagnes de Aya : au point du jour, on enleva après un léger combat le mont Saint-Martial, encore occupé par les carlistes, et quoiqu'on n'eût distribué en tout qu'une ration de pain, déjà consommée pendant la nuit précédente, puisque le soldat n'avait pas autre chose à manger, on résolut de recueillir tout le fruit possible du succès qu'on avait obtenu, en poursuivant les carlistes jusqu'à Vera, où l'on voulait détruire leurs fabriques de munitions. Mais la tempête redoubla avec une telle violence qu'il eût été téméraire de s'engager à leur suite dans les profonds défilés de la Bidassoa. On suspendit donc le mouvement jusqu'au lendemain, malgré les difficultés que l'on éprouvait, comme la veille, à ravitailler les hommes et les animaux. Le 13, au point du jour, la persistance du mauvais temps et l'impossibilité de tenir à Irun sans vivres et sans argent, nous forcèrent à revenir à Saint-Sébastien. Le manque de renseignements certains, tant l'espionnage était difficile, fit que nous ne pûmes connaître la véritable situation des carlistes; les informations à cet égard étaient vagues et contradictoires; nous ne savions pas d'une manière précise qu'un fait d'une extrême gravité s'était produit, que quelques bataillons avaient jeté leurs armes en criant qu'on les avait trahis et vendus. Malgré tous ces contre-temps, résultat inévitable dans cette guerre de la pénurie des ressources et de la mystérieuse obscurité dont l'ennemi resta toujours enveloppé, on se serait déterminé néanmoins à marcher en avant; mais on renonça à poursuivre ce projet à cause du froid et de la neige, qui, à défaut de nos attaques, causèrent de cruelles souffrances et des pertes sérieuses aux carlistes.

Le 13, au soir, les troupes étaient de retour à Saint-Sébastien, ville importante, offrant d'abondantes ressources dont, faute d'argent, l'officier et le soldat ne purent profiter. En présence d'une situation aussi pénible, le général en chef fit appel au patriotisme de la municipalité et du commerce, qui avaient déjà avancé à la garnison des sommes considérables et qui, sous sa garantie personnelle, mirent à la dispotion de l'armée 15,000 douros pour faire face aux besoins les plus urgents.

L'ennemi s'était retiré jusque dans l'intérieur de la Navarre; la ligne de l'Èbre depuis Reynosa jusqu'à Castejon avait été presque entièrement dégarnie et dix bataillons seulement la protégeaient; aussi était-il nécessaire, urgent même d'y revenir au plus tôt, puisqu'on n'avait pu pour les raisons que nous avons indiquées plus haut, recueillir les fruits de la victoire de Irun, et que l'effet moral qu'elle avait produit pouvait être détruit si l'ennemi dirigeait une attaque sur Miranda de Ebro, dont les fortifications n'étaient pas encore achevées, sur Logroño, Haro, ou sur l'importante et riche contrée de la Rioja Alavaise.

Au prix d'efforts inouïs et en surmontant des difficultés innombrables, causées par le manque de ressources, on parvint à exécuter une opération qui consistait à suivre les lignes en avançant, et à chasser ainsi l'ennemi de la région productive dans laquelle il se maintenait. Elle se fit avec succès, peut-être même plus heureusement qu'on ne l'avait espéré; mais on était obligé, avant de quitter chaque ligne conquise ou de porter l'armée dans une autre direction, de fortifier préalablement, comme nous l'avons dit dans la théorie de la guerre régulière, les points qu'on avait choisis et d'élever les ouvrages destinés à la garantir et à en assurer la possession. Le temps que l'on doit consacrer à la construction de ces forts est normalement de quinze à vingt jours lorsqu'on dispose des éléments nécessaires. On s'empressa de demander aux parcs du génie et au gouvernement ce qui manquait dans ceux de notre armée; ils n'étaient pas mieux pourvus que nous; on trouvait bien dans les villages des pics et des pioches, mais on n'y pouvait rencontrer aucun outil de maçon et de charpentier ; les habitants les cachaient, refusaient de les donner, et l'on gaspillait un temps précieux à les rechercher.

On avait besoin de madriers et d'autres matériaux ; il y en avait à Saragosse, à Logroño et sur d'autres points ; les propriétaires refusèrent de les livrer si leur fourniture ne leur était payée d'avance ; de là de nouveaux retards.

L'opération qui devait durer un mois en dure trois, et pendant ce temps l'armée, attachée à cette ligne, qu'elle ne peut quitter pour le moment, qu'elle n'a pas non plus les moyens de fortifier, est forcée de rester stationnaire et de renoncer à rien entreprendre.

Les gens qui, à Madrid, faisaient la guerre sur la carte sans compter avec toutes ces difficultés, criaient contre l'inaction des troupes et la lenteur des généraux, qui, disaient-ils, savaient vaincre, mais ne savaient pas profiter de la victoire ; on allait jusqu'à réclamer leur remplacement. On ignorait s'il ne s'était pas présenté des obstacles insurmontables ou si le plan ne consistait pas précisément à avancer progressivement les lignes ; mais les journaux et les correspondances particulières avaient annoncé qu'on se proposait d'entreprendre des opérations décisives ; leurs récits, accompagnés de sous-entendus, faisaient supposer aux impatients que la guerre allait être terminée, et l'opinion égarée par ces racontars s'en prenait à l'armée et aux généraux, qu'elle accusait de n'avoir aucun plan et ne pas savoir se servir des moyens qu'ils avaient entre leurs mains.

Au mois d'avril 1873, une forte crue de l'Èbre emporta le pont de Castejon, sur lequel passe la voie ferrée de Pampelune ; cette communication était absolument nécessaire pour les opérations en Navarre. Il fallut pour y suppléer installer un bac, moyen de passage tout à fait insuffisant pour les troupes, les vivres et les munitions, et qui avait de plus le grave inconvénient d'être interrompu par les crues. Tous les généraux réclamèrent de la manière la plus pressante l'établissement d'un pont provisoire en madriers, pour le service exclusif de l'armée : toutes leurs démarches restèrent inutiles, les travaux de reconstruction ne furent commencés qu'après la guerre. Il est indispensable que ces difficultés, et bien d'autres que nous ne pouvons énumérer ici, soient mises au grand jour, qu'elles soient connues des historiens surtout, pour permettre d'apprécier plus tard avec impartialité les événements de la campagne ; nous ne contesterons pas cependant que, par un effet de la tendance à l'exagération qui nous caractérise, on n'ait attribué à certaines opérations insignifiantes une importance qu'elles ne présentaient point et que, dans les rapports officiels, on n'ait parfois un peu trop abusé du style hyperbolique.

Il est difficile, surtout avec l'armement actuel, de pénétrer dans le pays ennemi ; mais là n'est pas le principal obstacle qu'on ait à surmonter. Le général don Fernandez de Cordova disait avec raison : « Si l'on veut se charger de nourrir mes soldats, je les conduirai où l'on voudra. » Aujourd'hui, comme à son époque, on rencontre des embarras immenses lorsqu'il s'agit de pourvoir à la subsistance des troupes. Au début des opérations, on répartit dans les magasins de première et de seconde ligne la quantité de rations et de munitions que l'on juge nécessaire, ce qui n'est pas déjà très-aisé, à cause de l'imperfection et de l'insuffisance du matériel des transports; l'armée se porte en avant, elle trouve les chemins défoncés, les ponts et jusqu'aux passerelles rompus; il faut tout réparer avec les minces ressources que le pays fournit; c'est à ce moment que commence à se faire sentir la pénurie des moyens convenables pour assurer le ravitaillement et pour conduire les vivres et les munitions jusqu'à la nouvelle ligne et aux postes avancés que les troupes occupent.

On ne dispose, pour satisfaire à leurs besoins de tous genres, que de quelques brigades de chariots loués à la hâte sur différents points du territoire, et qui, dans les premiers jours de l'exécution du marché, remplissent sans doute les conditions stipulées, mais qui sont mis en quelques jours hors de service par les fatigues qu'ils éprouvent et le mauvais état des chemins qu'ils doivent parcourir. Les équipages dépérissent, parce qu'ils sont mal soignés; leur conservation importe peu d'ailleurs à l'industriel qui les loue, car si ces animaux viennent à mourir ou à être estropiés, on lui en rembourse le prix à un taux de beaucoup supérieur à leur valeur réelle. Bientôt les convois ne peuvent plus marcher avec régularité; on veut obliger l'entrepreneur à remplir ses engagements et on le somme d'avoir à compléter sa fourniture; il prouve alors que, comme il n'a pas été soldé, son marché est annulé de plein droit, et déclare qu'il se retire. Aussi qu'arrive-t-il? C'est que, même dans les conditions défectueuses où l'entreprise est exécutée, on est réduit à le prier de vouloir bien la continuer, puisque, s'il en était autrement, l'armée, faute de subsistances, se verrait dans la nécessité de battre en retraite en sacrifiant les avantages qu'elle a obtenus ou de s'exposer à un véritable désastre. Faut-il s'étonner après cela que les opérations soient paralysées et qu'un général puisse bien rarement en retirer les avantages qu'il se proposait de réaliser en les entreprenant?

Dans une guerre aussi difficile par elle-même, on se trouve aux prises avec bien d'autres obstacles; mais ceux que nous venons d'indiquer suffisent, à notre avis, pour qu'on puisse se faire une idée des embarras avec lesquels un général est obligé de compter.

## CHAPITRE VIII.

QUESTION PERSONNELLE. — QUELQUES DONNÉES HISTORIQUES.

Quelque répugnance que nous éprouvions à entretenir le public de notre modeste personnalité, il nous sera permis cependant de dire quelques mots sur une particularité qui nous concerne et de contribuer par cela même à dissiper quelques erreurs et à prévenir de fausses interprétations.

C'est peut-être un fait unique dans l'histoire que presque tous les généraux de division d'une armée aient reçu un avancement immédiat, comme récompense de leurs services, à la fin d'une campagne ou d'une opération importante, à l'exception de celui qui a rempli les fonctions pénibles et délicates de chef d'état-major général de cette armée.

Les opérations exécutées par celle du nord, dans les sept mois pendant lesquels il occupa ce poste pour la troisième fois, avaient permis d'introduire dans Pampelune un convoi de vivres, alors que l'armée ennemie tout entière s'était établie sur la ligne du Carrascal pour s'y opposer. Elle avait, en outre, amené l'occupation de la Guardia et de la Rioja Alavaise, la levée du siége de Irun et l'entreprise sur le Carrascal qui fit cesser l'investissement de Pampelune. Il fallait pour justifier cet oubli que cet officier général eût négligé de remplir ses devoirs ou bien qu'il eût commis quelque faute grave; on aurait pu le croire si le commandant en chef, seul juge compétent, ne lui eût, dans ses rapports officiels, décerné les éloges les plus flatteurs et ne l'eût présenté pour un avancement immédiat, d'abord dans les propositions spéciales soumises au ministre de la guerre et plus importantes qu'il ne le méritait assurément, puis à la fin de l'opération du Carrascal.

La connaissance approfondie qu'il possédait de ce terrain, dont il avait fait la description détaillée à l'Athénée militaire de Madrid avant le commencement de la campagne, ses idées pratiques sur cette guerre à laquelle il prenait part depuis le jour où elle avait éclaté, lui avaient valu l'honneur d'être consulté par le général en chef, don Manuel de la Serna, qui lui demanda, à plusieurs reprises, son opinion sur les opérations entreprises depuis sous son commandement, avant même d'avoir reçu les avis des généraux qui étaient chargés de les exécuter. Qu'il veuille bien recevoir ici le témoignage de notre profonde et respectueuse gratitude.

A la fin de ces opérations qui amenèrent l'occupation de la Rioja Alavaise, on faisait des préparatifs pour rétablir d'une manière permanente les communications avec Vitoria; lorsque des dépêches d'un caractère urgent apprirent au général en chef que don Carlos, avec le gros de ses forces, avait mis le siége devant Irun. Sauver cette place paraissait bien difficile, étant données les faibles ressources qu'on possédait pour y arriver et les positions défensives que l'ennemi pouvait occuper pour s'opposer à notre passage. Le général en chef, suivant son habitude, nous demanda des indications sur un terrain qui nous était familier, et il forma deux plans d'opérations en les prenant pour base.

La ligne de défense sur laquelle les ennemis devaient s'établir nécessairement appuyait sa droite au mont de Jaizquivel et sa gauche à la ligne générale de partage des eaux entre l'Océan et la Méditerranée, marquée dans cette région par les hautes montagnes de Urdaburu, de Zaria, de Briandiz et de Aya. On ne pouvait songer à la tourner de ce côté, et en essayant de le faire par la droite, l'ennemi avait toujours sa retraite assurée : il en résultait que la victoire, si on la remportait, ne serait point décisive; il fallait donc manœuvrer pour lui faire supposer que, malgré la difficulté du terrain, on voulait le déborder par sa gauche, et l'amener ainsi à dégarnir sa droite pour parer à un danger imaginaire. Il était possible alors, dans le cas où il n'aurait pas fortement retranché la sierra de Jaizquivel, de tourner cette position par le seul côté où elle pût l'être, en suivant un chemin peu connu, le long de la crête, et d'arriver à prendre en flanc les ouvrages ennemis qu'on était sûr de voir abandonner sans combat.

En admettant que ce plan n'eût pas réussi, l'autre consistait à débarquer à Fontarabie. On savait, en effet, que les carlistes avaient commis la faute inconcevable de ne pas établir un bon ouvrage de campagne, tel qu'une redoute armée d'artillerie, par exemple, sur le sommet du Jaizquivel, comme nous le vîmes plus tard, et qu'ils avaient négligé, eux qui construisaient des tranchées partout, d'élever un ouvrage défensif au cap Figuier, tandis qu'en fortifiant ces deux points ils auraient pu nous ôter entièrement la possibilité de secourir Irun. Le débarquement à Fontarabie est une opération extrêmement difficile, puisque les bâtiments ne peuvent franchir la barre de la Bidassoa et qu'on est obligé de transborder les troupes dans des embarcations qui les conduisent à cette ville. Il fallait laisser à Saint-Sébastien toutes les bêtes de somme, tout le matériel, en se contentant d'emmener seulement l'artillerie de montagne, dont les pièces ainsi que les munitions devaient être portées à bras. Le général en chef en conféra avec l'infortuné brigadier Barcaiztéguy, commandant de l'escadre de l'Océan, qui se rendit compte des difficultés de l'opération, mais convint avec lui de la nécessité de l'exécuter. Irun est situé sur la frontière française; délivrer cette ville était une question d'honneur pour le pays en même temps que pour l'armée du nord et l'escadre, et dans une semblable circonstance on tente même l'impossible.

Le lendemain du débarquement à Saint-Sébastien et pendant que le reste des troupes arrivait, le général en chef se disposa à aller par mer à Irun : cette excursion avait pour but de relever le moral de la garnison par sa présence et de reconnaître la sierra de Jaizquivel et le cap Figuier. N'apercevant sur l'une ni sur l'autre des ouvrages de fortification de quelque importance, et les renseignements ayant appris que la sierra n'était protégée que par quelques faibles tranchées, il fut décidé que l'on tournerait l'ennemi par ce côté. Les mouvements exécutés sur la gauche et l'occupation du mont de San-Marcos trompèrent complétement les carlistes sur nos projets, et comme le Jaizquivel ne fut défendu que par deux compagnies, l'opération put s'effectuer heureusement.

Le quartier général étant revenu de Irun à Miranda de Ebro, le ministre de la guerre prescrivit au chef d'état-major général de se rendre à Madrid, le commandant en chef étant obligé de rester à la tête de ses troupes. Interrogé sur l'opinion de cet officier général au sujet du blocus de Pampelune que les carlistes avaient déjà investie, et qu'il fallait ravitailler à tout prix, le chef d'état-major déclara, comme les autres généraux le pensaient d'ailleurs, que l'investissement serait rompu quand on le voudrait et par les moyens dont on disposait, que les carlistes occupaient la ligne du Carrascal, sur laquelle ils pourraient être tournés et dispersés en perdant leur artillerie, et qu'on pouvait, en renforçant l'armée, livrer une bataille décisive dont le résultat certain serait la prise d'Estella. Le gouvernement goûta ces appréciations, éleva l'effectif de l'armée jusqu'à quatre-vingt-dix ou cent mille hommes, et le duc de la Torre, chef de l'État, en prit le commandement.

Le chef d'état-major général revint au quartier général pour instruire de ces détails le commandant en chef, qui lui demanda tous les renseignements nécessaires sur le pays dans lequel allait bientôt avoir lieu une bataille que nous supposions devoir être décisive si l'on se conformait au plan suivant.

### PLAN D'OPÉRATIONS CONTRE LES LIGNES CARLISTES DU CARRASCAL.

Les carlistes ont occupé la ligne du Carrascal dans le but d'empêcher l'armée de secourir Pampelune, qu'ils viennent d'investir et qu'ils espèrent réduire par la famine. Cette ligne part d'Estella, qui forme sa droite, passe par les monts de Esquinza, par Puente la Reina, le Carrascal, les peñas de Unzué, la sierra de Alaix, et va jusqu'à la route de Sangüesa, à laquelle elle appuie sa gauche. Quoiqu'elle présente un très-grand développement, elle a été néanmoins fortement retranchée et armée d'artillerie, surtout à Estella, à Puente la Reina et sur le Carrascal. En ce qui concerne les ouvrages élevés sur la route de Sangüesa, les renseignements recueillis sont un peu contradictoires. Cette ligne ne peut être abordée de front; nos soldats y seraient, comme dans d'autres circonstances, décimés par un ennemi invisible avant de pouvoir arriver aux tranchées dans lesquelles il se cache.

Les opérations contre le Carrascal ne doivent pas se borner à forcer cette ligne et à pénétrer dans la place de Pampelune; l'objectif doit être d'occuper au moins la ligne de l'Arga, dont la possession est d'une importance capitale pour l'adversaire. Il peut, en effet, tirer des vallées de l'Aragon, de l'Irati et de celles de leurs affluents des ressources considérables qui doivent, pour arriver à Estella et dans l'intérieur du pays, traverser l'Arga à Puente la Reina. En nous rendant maîtres de cette ligne, nous pourrons les leur enlever. Après l'effet moral produit par l'échec d'Irun, en présence des haines et des intrigues de tout genre qui divisent la cour du prétendant, quand le mot de trahison court dans leurs rangs, une nouvelle défaite infligée aux carlistes pourrait terminer la guerre, ou du moins les placer dans l'impossibilité de la continuer de longtemps.

Pour donner un résultat décisif, comme le comporte la guerre moderne, les opérations doivent être conduites stratégiquement. On croit généralement en Navarre, où les carlistes ont accrédité cette opinion, que nos troupes n'entreront pas dans Pampelune. Leur général en chef Mendiri l'a promis, de sorte qu'ils ne peuvent abandonner leurs positions pour se porter sur d'autres qui leur offriraient des avantages plus sérieux, et ils se trouvent dans une situation telle, que, tournés et pris en flanc et à revers, il leur sera difficile de se retirer en bon ordre et d'emmener leur artillerie.

En partant de la base de l'Èbre, l'armée doit exécuter un changement de front stratégique sur la gauche, à pivot fixe ou mobile, suivant les circonstances tactiques de l'opération, ou bien un mouvement simple en doublant stratégiquement une aile. Notre droite s'étendra de l'Èbre à l'Aragon en prenant Sangüesa comme point de ravitaillement, et occupera également Lumbier. On répartira en trois corps les quarante bataillons qui composent le premier et le deuxième corps de cette armée, en enlevant quelques bataillons au troisième pour le commencement des opérations. Celui de droite, qui doit partir de l'Aragon comme base, se composera de deux divisions, soit seize bataillons, deux ou trois batteries de montagne et deux régiments de cavalerie. Au centre se trouvera une division (huit bataillons au moins) avec de la cavalerie et de l'artillerie montée pour menacer de front les positions du Carrascal : le reste des troupes formera le corps de gauche.

Les carlistes sont convaincus qu'ils seront attaqués par la route du Carrascal, par Artajona et Estella : à Sangüesa, ils ne paraissent pas avoir élevé de défenses bien importantes; ils les ont accumulées au contraire sur d'autres points. tels que Cirauqui, Mañeru, Puente la Reina, Obanos, Añober, Tirapu et Biurrun, jusqu'aux peñas de Unzué et à la sierra de Alaix.

Arrivé sur l'Aragon, mouvement qu'il ne peut dissimuler, le corps de droite se portera sur la vallée de Ibargoiti et la route de Sangüesa à Pampelune, autant pour reconnaître le nombre et la disposition des défenses ennemies que pour faire croire aux carlistes que l'attaque sera dirigée de ce côté. Si cette reconnaissance et les renseignements recueillis donnent la certitude que les retranchements peuvent être tournés tactiquement, on procédera alors à un véritable investissement. Dans le cas contraire, on se retirera pour prendre avec toute la promptitude possible la ligne de l'Irati, sur laquelle les carlistes n'ont construit aucun retranchement, en laissant quelques troupes pour menacer la vallée de Ibargoiti. Ce corps remontant ensuite le cours de l'Irati, par la route de Aoiz, jusqu'au point déterminé à son gré par le général qui le commande, conversera à gauche pour tourner les positions et les ouvrages de la vallée de Ibargoiti. Nous estimons qu'il suffira d'arriver aux villages de San-Vicente et de Ripodas, situés à trois kilomètres de Sangüesa, de prendre la petite vallée de Izagandoa pour tomber dans celle de Ibargoiti et de se diriger par celle-ci sur Monreal, afin de se placer en arrière du Carrascal. On conservera en même temps ses communications bien assurées avec Sangüesa, si l'on ne peut, une fois à Monreal, se mettre en relation avec Pampelune. Dans le cas contraire, on les établira avec cette place, et l'on couvrira la route du Perdon pour couper la retraite à l'artillerie ennemie.

Le mouvement de ce corps, isolé jusqu'à un certain point et qui ne se reliera pas fortement par sa gauche avec les troupes de Tafalla, pourra paraître un peu périlleux, et il le serait en effet si l'on avait devant soi d'autres ennemis; il ne l'est point avec les carlistes, aptes surtout à combattre défensivement à l'abri des ouvrages, prenant rarement l'offensive, sauf dans les mouvements de retraite, dont les chefs n'ayant point l'habitude de manier les troupes sur le champ de bataille, se bornent à les enfermer dans leurs nombreuses tranchées et ne savent point s'opposer à des mouvements stratégiques si l'on est assez habile pour les leur dissimuler au début.

D'Estella aux peñas de Unzué, la clef de la ligne ennemie est l'ermitage de San-Gregorio et les hauteurs qui dominent Puente la Reina. Si l'on parvient à les enlever, on prend en flanc le Carrascal, on commande et on canonne cette localité, Mendigorria et l'ermitage de Santa-Barbara; mais pour gagner ces points, il faut passer par les positions de Artajona et de Añorbe, très-fortement retranchées, inabordables de front et impossibles à tourner tactiquement; on ne tentera pas de prolonger de ce côté une attaque inutile, il faudra combiner une menace sérieuse avec une forte canonnade pour y attirer la plus grande partie des forces ennemies pendant qu'on agira de même du côté du Puello, puisque c'est du mouvement stratégique de la droite que dépendra le succès de l'opération. Conformément au principe qui consiste à appeler l'attention de l'ennemi sur les points que l'on ne se propose pas d'attaquer, à l'amener ainsi à disséminer ses troupes sur toute l'étendue de sa ligne, on procédera de la même manière vers Estella en établissant le corps de gauche à Sesma et à

Lerin, et en poussant des reconnaissances sur les routes qui conduisent à cette ville. Ces mouvements et quelques autres analogues prescrits aux troupes de Tafalla, doivent s'exécuter pendant que le corps de droite se dirige vers la ligne de l'Aragon. Au jour indiqué pour le commencement des véritables opérations, le corps de gauche et celui du centre, par une concentration rapide et secrète, se porteront sur leur objectif, qui est Puente la Reina et Oteiza, et occuperont par surprise la route de Puente à Estella. Ces deux corps se tiendront prêts à entreprendre une vigoureuse poursuite dans le cas où l'ennemi, se voyant tourné et attaqué par derrière, abandonnerait ses positions du Carrascal.

Les abords de Puente la Reina offrent un terrain favorable à l'action de la cavalerie; cette arme, qui surveille et garde l'aile de l'armée, assure et maintient libres ses communications, escorte les convois et se dispose à charger l'ennemi à la moindre apparence de retraite ou de désordre qu'elle remarquera dans ses rangs.

Au mois de décembre 1875, deux ou trois

jours après l'arrivée du duc de la Torre à Logroño, dans son cabinet et en présence de M. Navarro y Rodrigo, ministre de Fomento, qui l'accompagnait, et du brigadier d'artillerie M. Alberico, il fut donné lecture de ce plan, qui fut expliqué sur une carte de Coello avec des détails qui ne sauraient trouver place ici, mais en le considérant comme une simple hypothèse, parce qu'on manquait encore sur l'ennemi de renseignements précis qu'on attendait d'un jour à l'autre. Ne possédant pas d'autre exemplaire que celui qui était sous ses yeux, le duc de la Torre chargea le brigadier Alberico d'en faire une copie. Plus tard et après quelques modifications apportées dans la nature et le caractère de ce travail, l'opération du Carrascal fut exécutée de la manière et suivant les instructions que le public connaît aujourd'hui, et que nous nous abstiendrons pour cette raison de reproduire. Dès qu'elle fut terminée, le général en chef et son chef d'état-major général furent relevés de leurs fonctions : l'histoire en recherchera certainement les motifs et les appréciera avec impartialité. Retiré dans notre demeure depuis la fin de l'opération du Carrascal, nous suivions jour par jour la campagne dans le Nord, toujours très-exactement informé, grâce aux relations que nous avions conservées dans l'armée, de tous les événements qui se produisaient et de la situation des carlistes, dont la démoralisation s'accentuait tous les jours davantage. Nous avions la conviction intime que lorsqu'on pourrait réunir le nombre d'hommes nécessaire, une seule bataille suffirait pour mettre fin à la guerre, et nous ne la dissimulions à aucune des personnes qui nous questionnaient à ce sujet.

Au mois de novembre 1875, à la suite de quelques circonstances particulières et de l'intervention de certaines personnes qu'il n'y a pas lieu de nommer ici, on nous demanda un plan d'opérations pour la campagne d'hiver que nous élaborâmes en prenant pour base ces deux principes de la science militaire moderne : 1º qu'il faut toujours porter de grandes masses de troupes sur le point le plus important afin d'y obtenir la supériorité numérique et d'y livrer, par conséquent, une bataille décisive; 2º que, dans le cas où la base d'opérations forme un angle à peu près droit vers l'ennemi, il faut menacer d'un côté et attaquer résolument par l'autre : notre base de l'Èbre et de l'Arga remplissait entièrement cette condition.

### OPÉRATIONS MILITAIRES POUR LA CAMPAGNE D'HIVER 1876 DANS LE NORD.

Une campagne d'hiver dans les provinces basques et la Navarre doit être étudiée avec le plus grand soin, non pas précisément au point de vue des opérations militaires en elles-mêmes, mais plutôt sous le rapport des conditions climatériques de cette région. On n'y peut compter, pour y entreprendre une campagne, sur un temps beau et constant que pendant la période comprise entre les mois de juin et d'octobre inclusivement : en dehors de ces époques, le baromètre indique parfois un temps sec et serein; en une nuit, en quelques heures même, il descend rapidement, de violentes tempêtes éclatent venant de la côte ou des Pyrénées, durent plusieurs jours et couvrent toutes les chaînes et les hautes vallées d'un épais linceul de neige qui atteint un mètre de hauteur et quelquefois plus. Il est donc très-périlleux, en raison de ces circonstances, de pénétrer dans le cœur du pays ; on court le risque de voir un ou plusieurs corps surpris par des bourrasques de ce genre communes dans la contrée, coupés de leurs communications par les neiges et privés complétement de vivres et de munitions. Mais comme il peut être urgent d'entreprendre une campagne d'hiver pour profiter de la démoralisation des carlistes après la pacification du centre, de la Catalogne, et la prise ou le bannissement de leurs chefs les plus habiles et les plus marquants, on ne peut ni ne doit la différer jusqu'au printemps. Les conditions indiquées ci-dessus pourraient en effet se modifier, et la guerre, qui se terminerait aujourd'hui d'une manière décisive et presque en une seule affaire, avec des pertes relativement faibles, pourrait, dans le cas contraire, coûter plus de temps, de sang et de sacrifices au pays.

Les carlistes ont choisi, pour couvrir Estella, une ligne de défense sur laquelle ils peuvent être facilement battus et dispersés en perdant leur artillerie : comme leurs positions se trouvent limitées par des vallées profondes dans lesquelles il n'y a pas à craindre que les tempêtes de neige nous fassent éprouver un désastre, il est de notre intérêt de les y laisser s'établir pour les battre; toutes nos troupes communiqueront toujours facilement avec leur base d'opérations et de ravitaillement, l'Èbre et l'Arga.

La ligne carliste part de Santa-Cruz de Campezu, passe par le défilé de Arquijas, par les ramifications de la sierra de Santiago de Loquiz, les hauteurs qui forment la ligne de partage des eaux de l'Urredera et de l'Ega, et se prolonge entre celle de cette dernière rivière et de l'Iranzu par les hauteurs de Montemuro, Murugarren, Zurucain et Grocin, par celles de Villatuerta et de Alloz, par les monts du Guirguillano et de Muniain, jusqu'à ce qu'elle atteigne la sierra de Andia par la vallée de Goñi.

Estella n'a aucune valeur militaire réelle, mais elle en présente une très-grande au point de vue moral, pour les Navarrais. Dans leur opinion, la prise de cette ville, foyer du carlisme, entraîne inévitablement la ruine de leur cause; elle serait d'un grand effet à l'étranger, où l'on ne se fait pas une idée bien exacte de sa situation. Dans la guerre actuelle, comme dans toutes les guerres qui ont cette province pour théâtre, ce n'est pas la ville elle-même, mais plutôt son territoire, qui présente une importance capitale : si l'on s'en empare, on parvient par cela même à se rendre maître des vallées de la Solana, de Yerri et de Guesalar, les seules, dans cette région, qui produisent en abondance le blé et surtout le vin, denrées de première nécessité pour les Navarrais. La perte d'Estella et, comme conséquence, celle de ces vallées portent un coup fatal à l'insurrection, quelle que soit d'ailleurs sa vitalité ; et dans les circonstances actuelles nous sommes convaincu qu'elle prendrait fin immédiatement. Il nous paraît donc utile, nécessaire même de livrer une bataille sur le terrain choisi par l'ennemi lui-même d'une manière aussi irréfléchie et aussi peu habile au point de vue militaire, sans qu'on soit obligé de recourir à de grands efforts pour l'y attirer. Il suffira de paraître menacer Estella pour le voir accourir avec toutes ses forces, afin de défendre cette ville et d'occuper la ligne que nous avons indiquée.

Pour donner des résultats décisifs sans causer

de grandes pertes, l'opération doit être, comme toutes celles de la campagne, basée sur l'offensive stratégique, et bien qu'en elle-même elle ne présente pas de difficultés insurmontables, elle n'est ni entièrement aisée ni exempte de dangers. Il s'agit de s'emparer par surprise de quelques positions, des retranchements ennemis, et pour y arriver, il faut des précautions infinies et une connaissance suffisamment exacte du terrain.

On peut entrer dans Estella par trois côtés ; il existe par conséquent, pour s'y opposer, trois lignes de défense, qui sont : 1º la route de Logroño par la Solana ; 2º celle de Villatuerta et de Allo, qui peuvent être considérées comme ne formant qu'une seule ligne ; 3º enfin, celle de la vallée de Guesalar, c'est-à-dire la route de la vallée de Echauri et de Salinas de Oro. Il serait inutile de songer, en occupant les lignes de retraite, à couper quelques bataillons du gros de l'armée ; les montagnards qui les composent, nés dans le pays, très-agiles, se dispersent dès qu'ils se trouvent dans une situation critique, et s'échappent par des sentiers, des chemins de traverse ou même en franchissant des précipices : mais ils ont en ce moment une artillerie assez nombreuse, avec le matériel qu'elle comporte, qui ne peut suivre que les voies carrossables et, dans une retraite, n'a d'autre issue que la route de Estella à Vitoria et celle de la Burunda par la sierra de Andia. Il en résulte que ces deux voies de communication étant interceptées, elle doit tomber tout entière entre nos mains.

Nous ignorons le nombre de bataillons dont on dispose pour entreprendre la campagne d'hiver, mais nous supposons qu'on parviendra à réunir ceux qui sont nécessaires pour constituer quatre corps d'armée de deux divisions chacun, et en outre deux divisions distinctes qui peuvent être affectées, l'une au premier corps, l'autre au troisième. Pour mieux faire comprendre les détails de l'opération, nous désignerons ces corps d'après le rang qu'ils occupent les uns par rapport aux autres; ainsi le premier sera celui qui tient la droite de notre ligne, et nous indiquerons les mouvements que chacun d'eux doit exécuter pendant le temps qu'exigeront les opérations. Si l'on peut disposer de troupes plus nombreuses, on formera deux autres corps, dont l'un sera à Saint-Sébastien et l'autre à notre gauche, du côté de la Biscaye, et dont le rôle consistera à attirer à eux les forces ennemies.

Au début, le Iᵉʳ corps occupe les villages de Obanos, Uterga et Legarda; la division indépendante se joint à lui à Puente la Reina; le IIᵉ s'établit à Tafalla et à Artajona; le IIIᵉ à Logroño et dans les environs; l'autre division isolée se réunit à Larraga; le IVᵉ corps se place à Vitoria et dans la plaine au milieu de laquelle cette ville est située.

PREMIER JOUR DES OPÉRATIONS.

Le IIIᵉ corps se concentre au point du jour à Logroño, se met en marche et se dirige sur Los Arcos, Sansol et Torres, où il s'établit en faisant garder Viana pour assurer ses communications; sa division isolée se porte à Lerin. Ces mouvements font supposer à l'ennemi qu'on va l'attaquer par la Solana, aussi renforcera-t-il certainement le point qui lui paraît menacé, en laissant des forces assez considérables devant Puente la Reina, point également menacé par la concentration des Iᵉʳ et IIᵉ corps.

DEUXIÈME JOUR.

Le IIIe corps quitte ses cantonnements, et s'avance jusqu'au petit port de Cogullo; s'il le trouve abandonné, ce qui n'est pas probable, ou s'il n'y rencontre qu'une faible résistance, il s'en empare, y met ses pièces en batterie et canonne les villages de Arroniz, Barbarin et Luquin, puis il s'étend sur sa gauche jusque sur la sierra de San-Gregorio afin d'assurer son flanc gauche. Si le port est fortement occupé, il se gardera bien de livrer un combat qui pourrait être meurtrier et dont le résultat serait douteux; il se bornera à dessiner une attaque et à canonner vigoureusement la position, autant pour obtenir les effets qu'on peut attendre de l'artillerie que pour faire croire à l'ennemi que ce côté est réellement celui par lequel on essaiera de le percer. La principale mission du IIIe corps, ce jour-là, est d'attirer l'ennemi à lui.

Au point du jour, la division isolée se porte de Lerin à Allo; si elle peut occuper ce point sans engager une action sérieuse, elle s'y installe, et canonne ensuite les villages de Dicastillo, de

Morentin et tous ceux qui se trouvent à bonne portée. Ce bombardement a pour but de confirmer l'ennemi dans la croyance que l'attaque doit avoir lieu par la Solana. Cette division empruntera la cavalerie du IIe corps, qui n'en a pas besoin à cause de la configuration du terrain sur lequel il opérera, et une partie de son artillerie montée avec des pièces de dix centimètres.

Si le IIIe corps ne peut se rendre maître du petit port de Cogullo, si la division qui le seconde échoue dans son entreprise sur Allo, l'un et l'autre rétrogradent sur leur point de départ pour y passer la nuit, opération qui n'offre aucun péril puisque leur cavalerie est assez nombreuse pour les protéger. S'ils ont réussi, au contraire, ils doivent, autant que possible, les retrancher immédiatement, et dans ce but tous les bataillons seront suivis de leurs mulets portant des outils, à raison de trois mulets environ par compagnie. Règle générale : toute position que l'on occupera sera fortifiée.

L'artillerie du Ier corps, qui a pris position à Puente la Reina, ainsi que celle de tous les forts qui défendent cette ville, canonnent depuis le matin du deuxième jour le fort de l'ermitage de Santa-Barbara; en même temps, on organisera à Puente la Reina un va-et-vient continuel de troupes, des simulacres de sortie par le pont sur l'Arga; on fera venir d'un cantonnement voisin quelques bataillons qui quitteront ensuite la ville pendant la nuit, etc. Ces stratagèmes ont pour but de faire croire à l'ennemi qu'outre la Solana ce point a été également choisi pour l'attaquer, et pour se donner ainsi le moyen, après la destruction du fort de l'ermitage de Santa-Barbara, de poursuivre les opérations le jour suivant.

TROISIÈME JOUR.

Si le II.e corps n'a pu précédemment s'emparer du petit port de Cogullo, il l'attaquera de nouveau au point du jour en prononçant un peu plus son mouvement en avant, mais sans cependant chercher à s'en emparer à tout prix; il lui suffira d'attirer fortement l'attention de l'ennemi de ce côté et de l'y tenir en échec; s'il n'y réussit pas, il se retirera dans ses cantonnements comme le jour précédent. La division qui se trouve à Lerin procède de la même manière sur Allo ; mais si, la veille, elle a réussi à s'emparer de cette localité, elle continuera à s'avancer avec beaucoup de circonspection par Dicastillo, Morentin et Muniain, sans dépasser le II<sup>e</sup> corps, qui, ce jour-là, doit se porter au moins jusqu'à Villatuerta; elle se bornera à se maintenir à sa hauteur en couvrant son flanc gauche et en assurant le libre parcours de la rive droite de l'Ega aux convois qui pourront suivre la route de Oteiza à Estella; elle s'emparera, si l'occasion s'en présente, des batteries ennemies du Montejurra.

Dans le cas où, le second jour, le III<sup>e</sup> corps serait parvenu à occuper le petit port de Cogullo, il se portera jusqu'à Urbiola, Luquin et Barbarin, selon les circonstances, établira ses communications avec la division de Lerin et les assurera avec Logroño.

Le second jour des opérations, à la tombée de la nuit, le II<sup>e</sup> corps suspend sa marche et concentre à Larraga ses deux divisions, en prenant, même avant son arrivée, la précaution d'interdire la sortie du village à qui que ce soit, pour que l'ennemi ne puisse être averti. Il calcule sa marche de nuit de manière à se trouver au point du jour à Oteiza, se dirige sur ce point et attaque dans la matinée l'ermitage de Santa-Barbara de Oteiza, en tournant la position par la droite et en s'emparant des hauteurs de Villatuerta. Ce mouvement brusque et rapide sera protégé par l'artillerie des forts de Ezquinza et de Oteiza; l'ennemi ayant été menacé les jours précédents par la Solana et Puente la Reina, il n'y a pas à redouter qu'il ait des forces bien considérables sur ces points.

Le second jour des opérations, le I$^{er}$ corps concentre pendant la nuit ses deux divisions sur la route du Perdon et se porte dans la direction de Belazcoain.

Il sera nécessaire de savoir auparavant d'une manière certaine, mais sans envoyer de reconnaissance, afin d'éviter d'éveiller l'attention de l'ennemi de ce côté, si le gué de Vidauretta est praticable; des espions pourront donner ce renseignement. Dans le cas où il serait satisfaisant, on y dirigera trois bataillons choisis, qui passeront l'Arga, attaqueront avec décision les positions et les retranchements du Guirguillano et s'en empareront par surprise; on leur donnera pour guides des gens habitués au terrain et tirés des contre-guerrillas. Pendant qu'ils franchiront la rivière, le génie jettera un pont de che valets de deux travées, opération à laquelle on ne doit consacrer qu'une demi-heure, si l'on a eu la précaution de choisir un point favorable à la construction rapide des rampes.

Après l'achèvement du pont, le Ier corps passera tout entier, mais avec son artillerie de montagne seulement; son artillerie montée restera à Puente la Reina. Il appuiera le mouvement des bataillons qui le devancent, complétera l'occupation des positions du Guirguillano et s'y étendra jusqu'à ce qu'il ait des vues sur la vallée de Guesalar. Il changera alors de direction à gauche et, poursuivant sa marche par la ligne de partage des eaux de ces montagnes praticable même pour la cavalerie, il prendra en flanc toutes les tranchées, à revers, les ouvrages de défense de l'ennemi, et continuera son mouvement en avant jusqu'à ce qu'il opère sa jonction avec la division de Puente la Reina.

Dans le cas où l'on ne pourrait passer par le gué de Vidaurreta, si celui de Ibero, situé en aval, se trouve dans de meilleures conditions, le Ier corps remonte l'Arga jusqu'à ce dernier et passe la rivière sur le pont de chevalets qui aura été établi le plus près possible du gué; il gravit ensuite la peña de Echauri, accessible même à la cavalerie; arrivé à son point culminant, qui est l'ermitage de Zurzun, il change également de direction à gauche et prend en flanc et à revers toutes les défenses ennemies jusqu'à ce qu'il soit en face de Puente la Reina. Dans le cas où l'Arga aurait grossi au point que l'eau montât, dans les gués, au-dessus du genou, il serait préférable d'y jeter un pont pour le passage des bataillons d'avant-garde. Si l'on parvient à prendre en flanc, sans engager un combat sérieux, les défenses du Guirguillano, le I$^{er}$ corps fait sa jonction avec la division de Puente la Reina.

En supposant que la redoute de l'ermitage de Santa-Barbara ne puisse être enlevée, on laisse devant elle une force suffisante pour achever de la réduire, et le reste des troupes, après avoir rallié son artillerie montée, va occuper Alloz et Murillo ou les points que le commandant du corps juge convenables dans cette direction. Il se hâte alors de se mettre en communication avec le II$^e$ corps, qui pendant cette journée a dû continuer sa marche, s'il a l'avantage, de manière à pouvoir se rabattre sur Villatuerta, occuper Grocin et les hauteurs par lesquelles cette ville est dominée dans la cordillère qui forme la ligne de partage des eaux de l'Ega et de l'Iranzu. Dès le matin, l'artillerie montée du I$^{er}$ corps et toute celle des forts commenceront le feu sur l'ermitage de Santa-Barbara et les défenses voisines, non-seulement pour faciliter la prise de cette redoute, mais encore pour appeler fortement l'attention de l'ennemi de ce côté. Elles protégeront ainsi le mouvement de la division de Puente la Reina, qui se mettra en mesure de franchir le pont et simulera une attaque soit sur l'ermitage, soit sur le village de Artazu, suivant les circonstances. Cette division mettra en ligne le plus de monde possible et accentuera cette démonstration, sans cependant s'exposer à un échec ou à des pertes inutiles, jusqu'au moment où elle verra l'ennemi hésiter ou lâcher pied, ou bien encore lorsqu'elle apercevra les troupes du I$^{er}$ corps. A ce moment, ce qui n'était qu'une diversion se changera en une attaque réelle; jusque-là, sa mission est d'attirer sur elle le plus grand nombre d'ennemis possible.

###### QUATRIÈME JOUR.

Si, la veille, le II$^e$ corps n'a pas occupé les

positions qui lui ont été assignées, il continuera son mouvement offensif sur elles, mais sans essayer d'y arriver à tout prix, afin d'éviter des pertes sérieuses et aussi parce que, dans ce plan d'opérations, on écarte l'hypothèse d'une attaque de front poussée à fond contre les tranchées ennemies; cette manière d'agir n'aboutit qu'à des sacrifices considérables et l'issue en est toujours douteuse. Dans le cas où il serait parvenu à les occuper, il avancera par la ligne de partage jusqu'à ce qu'il se soit emparé de Montemuro.

Le I<sup>er</sup> corps continuera sa marche par la vallée de Guesalar, suivra la route de Montalban et viendra s'établir à Abarzuza, Iriñuela, et sur les positions qui dominent ces villages. Si le II<sup>e</sup> corps est arrivé à Montemuro, le I<sup>er</sup> avancera jusqu'au village de Beriain, s'en rendra maître afin d'opérer la jonction des deux corps et de commander la vallée de Allin, que l'ennemi pourrait utiliser pour tirer des subsistances de ses dépôts des Amescoas; mais il ne doit pas perdre de vue que sa mission essentielle est d'intercepter la route d'Estella à la Burunda.

La division qui marche sur la rive droite de l'Ega suivra avec de grandes précautions la route d'Estella, en se maintenant constamment à la hauteur du II<sup>e</sup> corps et en conservant ses communications avec lui et avec le III<sup>e</sup>, qui doit attaquer résolûment, dans la matinée de ce jour, le petit port de Cogullo, s'il n'a pas réussi déjà à s'en rendre maître; ce corps se portera ensuite, si cela est possible, jusqu'au village de Urbiola et à la sierra de San-Gregorio. A-t-il pu, au contraire, les jours précédents, s'établir sur les points qui lui ont été assignés, il poursuivra sa marche jusqu'à Azqueta, occupera, en suivant le chemin d'Iguzquiza, les hauteurs qui s'élèvent en face de Zufia, situé sur la rive gauche de l'Ega, mouvement qui a pour but d'intercepter la route de Vitoria. Dans le cas où il n'aurait pu arriver à Azqueta à cause des forces supérieures qui lui sont opposées ni sortir de Urbiola, il devra, si cela lui est possible, se porter vers son flanc gauche, par la route de Ocon, afin de couper à Ancin celle de Vitoria, sans abandonner pour cela la route de Los Arcos.

Si ce corps parvient à barrer la seconde de ces routes, l'ennemi n'a plus d'autre ligne de retraite que la vallée de Allin; sa situation devient extrêmement critique, puisqu'il se trouve à la fois attaqué de front, à revers, sur un flanc et menacé sur l'autre. S'il se retire par la vallée de Allin, il est probable que sa retraite se changera bientôt en déroute. Le rôle du IIIe corps est alors de fermer d'une manière absolue la route de Vitoria, comme celui du Ier est de barrer la route de la Burunda pour empêcher l'ennemi de faire filer son artillerie et son matériel par ces deux voies.

Depuis le premier jour des opérations, le IVe corps s'est concentré à Vitoria et s'est porté dans la direction de Salvatierra : il fait répandre le bruit de sa marche sur la Burunda, mais il n'entre point dans cette vallée ; elle est, en effet, très-resserrée entre des flancs inaccessibles d'où l'on peut croiser des feux d'artillerie et de mousqueterie sur toute son étendue. Sa mission est d'ailleurs de couvrir la plaine de l'Alava, d'emporter par surprise les monts de Vitoria et le port de Azaceta, dont l'attaque de vive force serait meurtrière et d'un succès problématique. Il doit en outre, si les carlistes se retirent à peu près sans désordre et si le IIIe corps n'a pu couper la retraite à leur artillerie, les empêcher de se diriger vers le Guipuzcoa et les obliger à se retirer sur la Biscaye. Il les réduira ainsi à la nécessité d'abandonner leurs canons et leurs parcs faute de routes pour les emmener, et dès qu'ils seront entrés dans cette province, ils se verront privés de communications avec la Navarre, la France, avec leurs principaux arsenaux, et leurs fabriques de munitions, qui sont établies à Vera, Azpeitia, Echarri-Aranaz et Plasencia. Ils se trouveront dans une situation identique aussitôt que le I$^{er}$ corps occupera la vallée de Guesalar et les routes de Salinas de Oro et de la Burunda.

S'ils se retirent par la vallée de Allin et essaient de se défendre, la seule ligne qui se prête à cette éventualité est celle des défilés de Arquijas. Après la prise d'Estella, un corps d'armée se dirigera à la hâte de cette ville sur les Amezcoas, sans suivre le chemin direct de la vallée, qui est fangeux, complétement dominé et qui passe par le redoutable défilé des peñas de Artabia, que l'on ne peut battre par des feux de flanc. Ce corps montera par le port de Ollogoyen à la sierra de Santiago de Loquiz, et descendra dans l'Amezcoa par celui de Ecala ; une de ses divisions occupera le port et la sierra pendant que l'autre se portera dans la vallée, détruira les dépôts de San-Martin et de Ecala, et toutes les subsistances et les autres ressources qu'elle pourra y trouver. Elle rejoindra ensuite l'autre division. Le corps entier rétrogradera alors jusqu'à son point de départ, ou bien se dirigera vers la vallée de Lana pour prendre en flanc les positions de Arquijas. Ce mouvement est cependant un peu dangereux par suite du manque de chemins pour ravitailler les troupes; il ne pourrait être avantageux de l'entreprendre que dans le cas où la situation de l'ennemi serait tout à fait défavorable par rapport à la nôtre.

Après leur défaite à Estella, les carlistes ne pourront organiser dans leurs positions de Arquijas aucune défense sérieuse; ils manqueront de vivres et de munitions : toutes les fois que nous nous placerons dans l'offensive stratégique, nous serons maîtres de toutes les routes qui conduisent dans la Navarre, le Guipuzcoa et l'Alava; ils se trouvent de nouveau attaqués de front par les trois corps qui les ont battus à Estella, pris à revers par le IVe, et ils doivent l'être également sur leur flanc gauche si un corps d'armée s'est porté rapidement de cette place par la Rioja Alavaise sur Peñacerrada et la vallée supérieure de l'Ega. Il est certain que, dans l'état de démoralisation où sera l'armée carliste, la plus grande partie des soldats déposera les armes et le reste se débandera; c'est à ce moment qu'une grande vigilance sera sans doute nécessaire, car il pourra arriver que des bataillons navarrais exécutent quelques actes d'audacieuse témérité; mais si on les repousse en les châtiant vigoureusement, ils se disperseront certainement après s'être peut-être portés à quelques excès sur leurs chefs eux-mêmes; dans tous les cas, l'armée est prête à marcher rapidement pour occuper le pays et terminer la guerre par une seule bataille.

Des dépôts de vivres et de munitions devront être établis à Logroño, Oteiza, Larraga, Lerin, Puente la Reina et Vitoria. Le I*er* corps aura pour ligne d'approvisionnement la route de Puente la Reina à Estella par Mañeru, Lorca, Montalban et Arizala; le II*e*, la route de Tafalla, Larraga, Oteiza et Villatuerta; le III*e*, celle de Logroño à Estella; le IV*e* aura son centre de ravitaillement à Vitoria. Ces routes, qui parcourent des vallées basses, qui ne traversent aucun port, aucune chaîne, ne peuvent jamais, s'il survient quelque tempête, être obstruées par les neiges au point de devenir impraticables; elles constituent en outre des lignes de ravitaillement et de communication avec la base d'opérations et peuvent aussi, dans l'hypothèse d'un insuccès, être considérées comme des lignes de retraite.

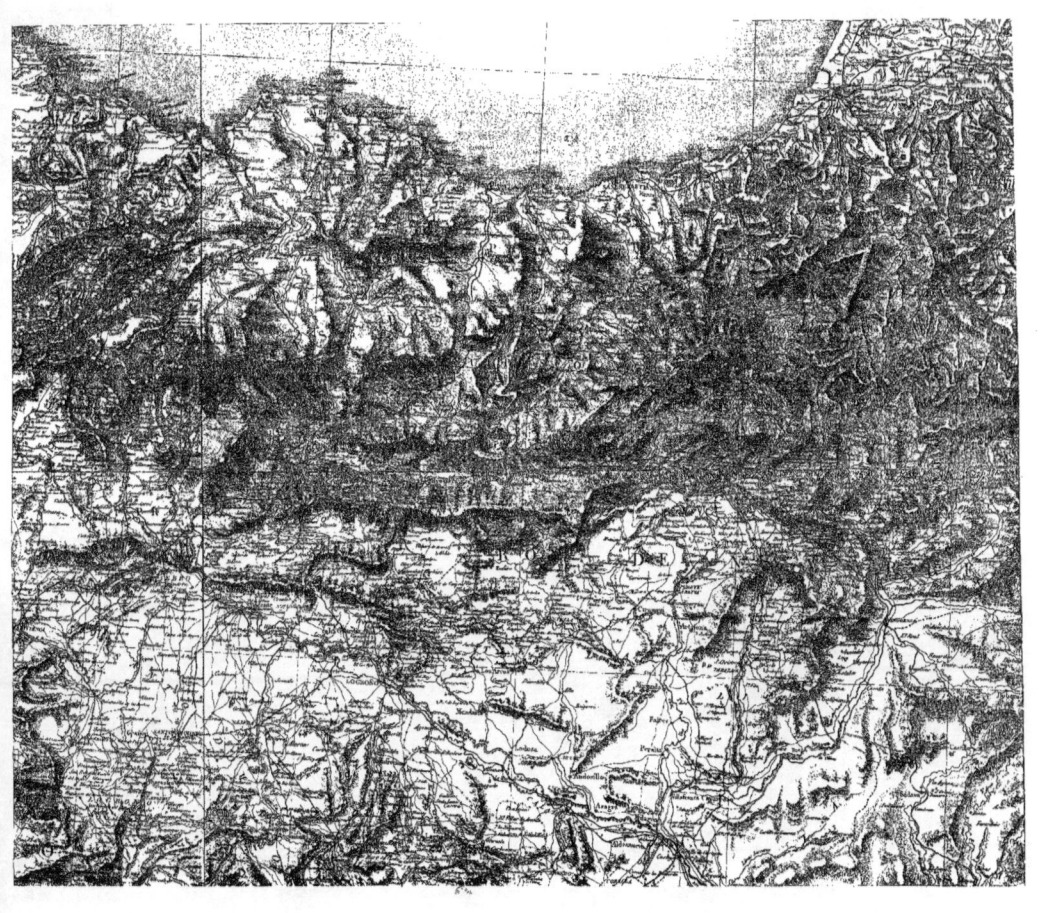

# TABLE

Chapitre I<sup>er</sup>. — Géographie militaire des provinces basques et de la Navarre.   5

Chapitre II. — Études des provinces basques et de la Navarre au point de vue militaire. . . . . . . . .   29

Chapitre III. — Guerre irrégulière ou de guerrillas. — Théorie : en Navarre. — Dans les provinces basques. . .   87

Chapitre IV. — Guerre régulière. — Théorie. . . . . . . . . . .   133

Chapitre V. — Politique de la guerre. — Les retranchements carlistes. — Expéditions dans l'intérieur de la Péninsule. . . . . . . . . .   171

CHAPITRE VI. — Armée libérale. — Armée carliste. — Leur organisation. — Situation respective des belligérants. — Réformes nécessaires. . . 193

CHAPITRE VII. — Difficultés à vaincre dans la guerre civile du Nord. . . 229

CHAPITRE VIII. — Question personnelle. — Quelques données historiques. . . 247

---

IMPRIMERIE PAUL BOUSREZ, RUE DE LUCÉ, 5, TOURS.

IMPRIMERIE PAUL BOUSREZ, 5, RUE DE LUCÉ, A TOURS

www.ingramcontent.com/pod-product-compliance
Lightning Source LLC
Chambersburg PA
CBHW070748170426
43200CB00007B/691